나의 시가 되어주고 또 가뿐 삶을 사시면서도
내게 살이 붙고 뼈가 야물도록 북돋워 주신
아버님, 어머님, 누님께 이 볼품없는 것을 바칩니다.

다시올시선 _ 009

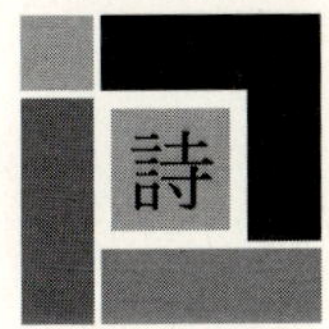

고봉밥 어머니

최범영 시집

다시올

■시인의 말■

시는 쓸수록 무섭다. 어느 아는 분의 말이기도 하다. 화려한 겉치레로 못난 나를 감추었던 것을 버리고 시를 통해 알몸으로 많은 사람 앞에 나서야하니 더욱 겁이 난다는 말이기도 할 듯하다. 2007년 시집을 낼 요량으로 가족들에게 말했더니 아들 녀석이 한마디 거든다. 팔리지도 않는 시집 내느라 몇 백만 원 쓰면서 왜 가족들은 아끼라고만 하느냐는 거다. 가슴에 비수가 꽂힌 뒤 도저히 시집을 낼 용기도 없었거니와 그렇다고 큰 상을 받을 만큼 빼어난 시를 쓴 적도 없었으니 시집 내는 데에 더욱 머뭇거릴 수밖에 없었다.

시도 몇 년 묵히니 묵은지처럼 맛이 드는 것은 매 한가지인 모양이다. 주변 동료들도 시집 한 권쯤 내야 하지 않느냐는 주문이고 보면 나를 시인으로 알아주는 사람이 있으니 또 보답은 해야 할 모양이다. 2005년 '고봉밥 어머니' 라는 시를 쓰고 많은 분들의 칭찬이 있었다. 과거를 있는 대로 보여주면서 힘들었다, 시대에 뒤떨어진다는 생각이 전혀 안 들었고, 그 때는 그 때, 지금은 지금이라는 달라진 삶의 방식을 보여주어 많은 생각을 하게 해주었다고 하였다. 시인은 어쩌면 거울 만드는 사람과 같아서 거울을 만들어 나누어 줄 뿐, 읽는 분들은 그 거울을 보면서 자신을 비추어 보는 모양이다. 시집을 내는 즉시 결국 그 시는 나의 시가 더 이상 아닌 셈이다. 다만 내 생각을 좀 보태본다면 세상이 아무리 각박하고 힘들어도 가끔은 대접해주는 사회가 정말 살만한 사회일 듯도 하다. 하여, 모자라나마 독자여러분께 고봉밥 한 상을 차려 본다.

인터넷은 이제 손 전화처럼 생활 깊숙이 자리 잡은 문

명일 터이다. 낯모르는 많은 이들과 서로의 소식을 나눌 수 있게 되었으니 말이다. 세상 속에 온라인 세상이 있고 또 온라인 세상 속에 세상이 있으니 마치 두 거울 사이에 내가 놓인 양 진짜 내가 어느 세상 사람인지 모를 때도 있다. 그러던 어느 날 저녁잠을 자고 일어난 새벽 어느 한 지인의 상큼한 방문을 받았다. 시평을 써주겠다는 김윤태 박사다. 난 대학교 때 지질과학과 학생이면서 국어국문학과 학생이기도 하였다. 1학년 때 기숙사 생활한 것을 빼고 나머지 3년간 자취를 하였으니 그도 우리 자취방에도 와서 자고 간 이 가운데 하나였던 모양이다. 졸업생 사진에 내가 없는 걸 보고 그제야 내가 부전공한 사람이란 걸 알았단다. 귀한 시집 해설에 감사드린다.

지질조사를 하며 내몽골에서 쓴 시 두 편을 몽골어, 중국어로 번역해 함께 실었다. 몽골인 수흐톨가 박사와 중국인 김선녀 여사의 번역에 감사드린다. 더불어 이 시집이 나오기까지 애써주신 다시올문학의 김영은 사장과 편집인께 감사드린다.

오랜만에 내는 시집이다. 모자라나마 정성껏 차린 고봉밥 한 상, 함께 맛있게 음미해 줄 여러분께 미리 감사를 드린다.

2013년 6월
옥천 사당골 花生堂(화생당)에서
최 범 영

■차례

■ 시인의 말 _04

고봉밥 어머니 _11

가재 _12

뱀장어 _13

어머니의 장독광 _14

반달곰 _15

바위 _16

뒤꼍부터 궁금한 집 _17

보리밭 모텔 _18

천수만을 방안에 들여놓다 _19

나침반 _20

수염 난 침팬지 _21

봄이면 나는 늑대가 된다 _22

탁류, 그 말발굽소리 같은 _23

그녀는 산불감시원 _24

박사 사모님 _25

옆에 사는 여자 _26

가을 거리로 들어가다 _27

황태 _28

파도는 _29

안면도 가는 길 _30

홍주성으로 후퇴하다 _31

미타 섬에서 _32

잘난 놈 _33

로즈마리 _34
그녀 아들 방에서 자고 싶다 _35
민달팽이 _36
표절 _37
목발 짚은 비둘기 _38
호구 _39
깜장 구녁 _40
오동차 전설 _41
내 지갑엔 도둑이 산다 _42
마빡이 _43
야지리 모이 _44
서울 사람들, 인제 원통하겠네 _45
어떤 품바 _46
만사형통 _47
털고 싶은 빈집 _48
나는 그녀의 이불을 덮었다 _49
유령 노래방 _50
배후령 _51
넙가래 짚신 _52
내 마음속의 그림 _53
별 _54
Oд _55
사막에서 낚시질을 하다 _56
垂釣于沙漠 _57
토굴집에 살다 _58
끓는 물 한 대접 _59
개밥바라기 _60

자다가 _61
개기일식 _62
머리를 자르다 _63
나이가 잇새에 끼다 _64
돋보기로 들여다보다 _65
그 해 여름 풍경 _66
갈대는 울지 않는다 _70
찔레꽃 피고 뻐꾹새 울면 _71
사진 _72
미인 _73
알림 _74
눈이 오다 _75
어느 무덤가에 앉아 _76
내 술의 도수 _77
지체 높은 신발 _78
돼지국밥 _79
전화 자주 하는 그녀 _80
제비 식당 _81
묵은 오이 _82
아마도가 있다 _83
컴컴한 가게 _84
해미성 오랑캐꽃 여인 _85
꼬집기 _86
나와 계契를 해온 당신 _87
동면冬眠 _88
미루나무 서점 _89
강남역 해수욕장 _90

고양이 손자 _91
달팽이집은 언제 짓나 _92
민들레 전봇대 _93
상처 _94
궁남지 노래 _95
헌혈을 질투하다 _96
나와 먹는 저녁 식사 _97
껍데기는 오라 _98
옷 _99
승무僧舞 _100
천장天葬 _101
금복주 마시다 _102
말하믄 무엇 혀 _103
뒷북을 치다 _104
암만 _105
바람 불어 좋은 날 _106
뚱딴지 _107
섬 _108
백지리에 살다 _109
바오밥나무 _110
깨가 고소한 이유 _111
엄마가 되다 _112

■ 작품해설

최범영 시집 해설(김윤태) _ 113

고봉밥 어머니

이빨 빠진 갈가지 어린 시절 늘 먹던 보리밥, 놀다가 배고프면 몰래 감자도 구워 먹고 부엌 천장 섬 위 삶은 보리쌀 몰래 내려먹기도 했습니다. 아랫도리 벗고 하루 종일 노는 게 일이던 나를 순이란 년은 다 큰 게 내놓고 다닌다고 눈 흘겼습니다. 학교 들어갈 때 되어서야 바지와 신발이 생겼습니다.

가끔 집에 손님이 찾아왔습니다. 어머니는 하얀 쌀밥을 고봉으로 대접했습니다. 날마다 보리밥이나 조당숙을 먹던 나는 신기했습니다. 마당에서 빈둥거리며 손님 가기만 기다렸다가 후닥닥 동생과 방으로 들어가 남은 고봉밥 숨도 안 쉬고 먹었습니다. 이상했습니다. 왜 손님들은 비스듬하게 밥을 깎아 먹는지 왜 반은 남기는지.

커서 서울로 갔습니다. 서울 사람들은 종지에 밥을 펴주었습니다. 날마다 먹어도, 먹어도 배가 고팠습니다. 고향집에 가면 객지서 고생했다며 어머니는 하얀 쌀밥을 고봉으로 퍼주었습니다. 손님은 고봉밥을 먹는다는 걸 그제야 알았습니다. 나도 그때부터 어머니의 큰손님이 되었습니다.

가재

우리 동네에는 여덟 머슴애가 58년 개띠다 하자고 하면 못 할 일 없었다. 다섯이 부엉골 가서 가재 다섯 마리 잡았다. 영학이 엄니, 아이고 많이 잡았네, 무 넣고 찌개 끓여 저녁밥 해 냈다. 막 먹으려는 찰나, 들이닥친 삼룡이 엄니, 뭘 끓인 겨? 손으로 휘휘 가재 다 건져먹었다. 여덟 살의 밥맛도 다 건져먹었다. 눈 아래로 깔고 우리는 수저 놓고 나왔다.

이튿날 새벽 댓바람에 삼룡이 엄니는 집으로 찾아왔다. 신발 워디다 감춘 겨? 내가 워티기 알어유? 그러지 말고 갈쳐줘. 희교네 집 앞 수채에 가면 있을 규. 혼낼 줄 알았던 그 아주머니 맨발로 터덕터덕 그냥 나갔다.

그 뒤 그 아주머니 우리 또래 지나가면 비켜 다녔다. 아이들 먹으려던 가재 건져먹고 평생 얼굴 붉히고 산 아주머니, 저 세상 간 뒤 모신 무덤 밑 골짜기에는 가재가 많다. 너희는 얼마나 잘하고 사느냐? 집게 손 번쩍 든 가재들 다 큰 우리 휘휘 건져먹는다.

뱀장어

식당 앞 수족관 뱀장어 헤엄쳐 내게로 온다. 앞 갱굴에 뱀장어 한 마리 있는디 워틱하믄 좋대유? 물도 잦은 개울, 자갈 모래 바닥 가늘게 난 물줄기 따라 뱀장어 한 마리 흔들흔들 물살 즐기고 있었다. 돌아다볼 것도 없이 달려간 아버지 두 손으로 버쩍 물 밖으로 내쳤다.

장박들 갱굴에 약 풀었디아. 체 들고 달려가니 동네 사람들 이리저리 첨벙첨벙 피라미 쏘가리 가물치 뱀장어 개울 바위틈에서 숨어살던 놈들 다 배 뒤집고 물위로 떴다. 내 체로 뱀장어 한 마리 달려들었다. 거참 너희 어머이 해주믄 좋아허겄다. 애 낳구 산후에 제일이지. 그날 집 궁둥이에는, 저번에 너희 아부지가 잡았으니께 이번 거는 나 줘라, 반씩 나누자, 희성이 징징 떠날 줄 몰랐다.

뱀장어 한 마리 수족관 모서리에서 느물느물 희성이처럼 조른다. 야, 나도 그때 맛도 못 봤어. 처음 건 아부지하고 부강으루 중학 댕기던 성 해먹었고 두 번째는 막내 낳았다고 어머이 해줬다니께.

식당 석쇠 위에서 뱀장어 지글지글 노릇노릇 구워진다. 미끌미끌 헤엄치는 기억들, 뱀장어 사이 비집고 불꽃처럼 하늘하늘 연기 피운다. 비어가는 내 유년에 술을 따르는 아내, 장어 한 마리 화르르 내 추억 위에 얹어놓는다.

어머니의 장독광

추석명절 찾아온 사라 태풍에
온 동네 장독이 다 깨져
이웃동네로 간장을 꾸러 다녔다고
추석이면 어머니는 이야기보따리를 끄르신다

또 추석, 명절 쇠러 온다는 매미 태풍에
제사 모시러 온 어머니는
차례 끝나자 만류에도 고향집으로 부랴부랴
부딪힐라 깨질라 새끼줄 칭칭 장독 동이러 가셨다
이장네 스피커는 밤새 쟁쟁 태풍 중계
한밤에 똥 단지 걸음 하느라
어머니는 밤새 잠 못 이루셨단다

어머니 장독광에는
물만 주면 자란다는 고석이 있다
시큼한 풀이 내 머릿속 장독광에 자란다
어머니의 장독광에서 번져 나오는 기운
그 이슬로 다린 간장을 먹으며
우린 무럭무럭 그렇게 살아온 모양이다

* 사라 태풍은 1959년 매미태풍처럼 추석에 닥쳤다고 한다. 강구출신의 직장동료 에게서 들은 이야기를 모티브로 짓다.

반달곰

너는 산과 들에서 살아야한다
사람들과 친해지면
사람들이 주는 음식만 먹고
사람들의 애정만 확인하려 들지
너는 사람이어서는 안 된다
자연의 법칙에 따르지 않고 반칙만 일삼는
인간이 되려 해서는 절대 안 된다
생존경쟁이 치열한 저 자연에서
벌에 쏘이며 꿀도 먹어야 하지
실패의 쓴맛에 삶을 내던져서도 안 된다
천길 벼랑을 타고 다니면서도
추운 겨울 겨울잠을 자면서도
꿋꿋이 버텨내야 한다
실패란 늘 있는 것, 생채기란 늘 생기는 것
그 뒤 찾아오는 성공을 더 달게 만드는 꿀이란다
네가 커서 하늘의 반쪽 달을 품을 수 있을 때
다른 반쪽 달을 지닌 사랑을 찾아라
그래서 하늘이 주는 만큼의 후손을 낳아라
너른 대지를 지키고 가멸게 할

바위

장승처럼 서서
사람들이 하는 말 꼬박 들어주는 너
슬프나 기쁘나 즐거우나 괴로우나
묵묵히 눈 맞추고 바라보는 너
태산이 무너져도 꿈쩍 않고
격랑에 부서지고 깨져 모래가 되어도
수정 같은 결정들로 다시 태어날 너
종국에 지층 속 퇴적물이 되어도
세상과 조화롭게 살아갈 너
지각변동에 등 굽은 지층이 되어도
눈물단지를 안고 와 기댄 내 등마저
보듬아 줄 너
세파에 시달려도 꼼짝 않고
늘 그 자리에 있는 너
너를 만나면 해장국 먹은 듯
지구 나이 46억년 묵은 속이 개운하다

뒤꼍부터 궁금한 집

흙속에 숨어 나오지 않던 바위너설
야트막한 언덕 마을
어느 집 뒤꼍에 고개를 내밀고 있었다
그 녀석이라도 보아야 땅을 그리련만
주인 없는 집, 덥석 다가갈 순 없었다
집을 보면 뒤꼍부터 기웃거림
이제 묵은 버릇
그곳에 시금풀과 비름
신접살이 하고 있지 않는지
다투다 바위에 대고 울지 않는지
집을 보면 대놓고 보자 할 수 없는
집 궁둥이부터 늘 궁금하다

(2007/5/27)

보리밭 모텔

땅 세 평에
하늘 일곱 평
갈마재 복사골

쉼터 찾는 개비름 쑥도
보듬고 재워주는
보리밭 모텔

꾀꼬리 총각 날라온
찔레꽃 한아름
세레나데 한 잔

메밀 듬성 난 이랑엔
오늘 혼인한 종다리 부부
수줍음 태우는 중

천수만을 방안에 들여놓다

바다와 뭍의 빛깔을 색칠한 지도 여섯 장엔
안면도가 다리 타고 방조제 넘어
홍성으로 이어진다, 보령으로 이어진다
한 가운데에 천수만이 출렁인다
무릎으로 가시 헤치며 눈으로 땀 흘리며
마른 침 발라 곳곳 칠한 지도
자투리 색칠이 무늬를 만들고
고원생대 신원생대 고생대 중생대를 헤쳐 온
저 꿈틀거리는 땅, 저 지층들
무언가 이야기를 건넬 듯하다
윗자리 가운데 앉은 간월도
효자만 난다는 효자도
한 가운데 옹기종기 모인 자갈바위 섬, 죽도
천수만 쌓인 화산바위 뻘바위
무슨 역사를 말할 듯도 하다
깊은 바다에서 쌓인 모래바위
바닥을 훑고 퍼져 널리 쌓인 모래 뻘바위
깊은 주름을 만들고 뭍이 된 사연
드르니항 길 판목 운하처럼 툭 트고
막힌 역사를 풀어 줄 듯도 하다
색칠이 덜된 곳을 가리키며
천수만은 내일 또 내일 보자 한다
궁금한 마음에 천수만을 베고 잔다

나침반

표충사 지나 재약산
어느 땐가 화산 분화구였을 그곳에서
나침반으로 잰 지층의 방향은 엉터리
지형도 놓고 보니 얼토당토않은 값
나침반은
제 좋아하는 쇠붙이에 눈길을 주며
제멋대로 돌아갔다
숲으로 하늘 가려진 능선 길
나침반으로 방향 잡아 가다보면
이른 곳이 가시덤불에 너덜겅이기 일쑤
기계는 거짓말 않는다는 어록은 잔 고장
나는 나침반을 옳게 믿지 않는다
저 멀리 뭇봉우리들이 맞다 손짓에
끄덕끄덕 안도의 한숨을 쉰다

사람은 모든 일이 더위잡히면
시러베장단에 호박죽만 끓이게 되는 걸까
나침반만 따라 눈감고 사는 관성
늘 떨어지는 된비알에 바위너설
사람들이 남북을 가리키라 나를
미타산 낭아덕 위에 팔 벌려 세워 놓았는데
못난 나침반에게
내 갈 길을 묻는다

수염 난 침팬지

울짱 안에 침팬지 세 마리, 나무를 오르며 논다.
어느 날 통나무 하나 울 가운데 비스듬히 놓인다.
호기심 많은 녀석 하나가 엉금엉금 기어오른다.
갑자기 하늘에서 뜨거운 물이 쏟아진다.
어마 뜨거라.
모두 놀란 가슴 그 뒤 아무도 통나무에 오르지 않는다.
오르려면 잡아끌고 난리다.
밖에서 놀던 녀석, 우리 안의 하나와 자리를 바꾼다.
밖에서 놀던 가닥지로 활개치며 돌아다닌다.
겁도 없이 통나무 위에 오르는 새내기.
오르는 걸 본 나머지 둘이 소리를 지르며 달려든다.
눈에 불을 켜고 할퀴고 물어뜯는다.
새내기는 영문도 모르고 통나무에 오르면 안됨을 배운다.
이번엔 내가 그 우리 안에 떨어진다.
통나무에 걸터앉으니 난리다.
얼른 내려왔다.
터줏대감 침팬지 둘이 내게 내쳐 온다.
수염 기른 저 새내기처럼 할까 내 수염을 잡아 뜯는다.
수염을 깎지 않으면 죽이겠다고 덤빈다.
나는 수염 난 침팬지.
나 하고픈 대로 나로 살고 싶다.
우리 안에는 침팬지의 관습과 쇠사슬이 칭칭 얽혀있다.
봄이 온다.
우리 밖 나갈 꿈을 꾸나 매화꽃 같은 눈만 흩날린다.

봄이면 나는 늑대가 된다

바위는 새닢 먹으면 여름잠 채비한다
때를 놓치면 사냥은 허탕이라는 조바심에
겨울 끝 따사로운 봄볕이 한 뼘만큼만 돼도
산 속 바위너설을 잡으려 이리 뛰고 저리 뛴다
무조건 뛰어야 한다, 무조건 잡아야한다
온 산을 다 뒤져
사냥감마다 잡은 자리와 이름을 적고
등고선마다 사냥감의 색을 입혀야 한다
저녁이면 인가로 내려와 어슬렁어슬렁
무리 지어 우-우- 몰려다닌다
몸에서는 물씬 산짐승이 우-우-
내가 산짐승인지 사람인지 분간 못한 사람들
뭐 하는 사람이냐 쿡쿡 찌르면 난 으르렁거린다
봄이면 나는 저절로 늑대가 된다
외로운 밤 찾아오는 불면에 우-우- 짖는다

황희순 시인의 '봄이면 나는 개가 된다' 를 읽고 짓다.

탁류, 그 말발굽소리 같은

태풍자락 주룩주룩 모두 춤추는 밤
하늘이 쏟아놓는 비, 양산천 따라 말 달렸다
창문 두드리는 소리에 깨어 여니
방안으로 쏟아져 들어온 탁류에 여인 하나
시간 나가 여섯 시간 팁을 못 받았다며
입에 붙은 욕은 떨어질 줄 몰랐다
거기, 나 조용히 자고 싶으니 건들지 마
귀신같은 그녀의 몸부림과 잠꼬대
내 새가슴 잠 마구 꼬집어 뜯었다
제 남편 살려주세요, 사고로 죽어가요
우리 얼라만은 살려주시더
어린 얼라 무신 죄 있겠니껴?
다시 조용해지다가 벌떡 일어나 싹싹 두 손 비는 그녀
우리 아 제발 손대지 마여, 하라는 대로 다 하겠어여
소란스런 벨소리에 받은 전화
저 박 과장인데요 지금 작업 준비 마쳤습니다
모두 꿈이었나? 흔적 없는 그녀
열린 창, 고개 들이민 은행나무
3층 높이 아침 쏟아진다
말 달려 방안으로 몰려오는 탁류 소리
후두둑 태풍 맞은 은행나무
푸릇푸릇 익지 않은 채 데구루루 뒹구는 그녀 아이들
탁류의 말발굽에 짓밟혀 그녀의 눈물과 흘러가고 있다

그녀는 산불감시원

산 속에서 한 달 동안 일한다
말만 던져놓고 떠난 길
산에서 불장난하지 않을까
호르륵 아내는 날 찾아왔다
먼 길 터덜터덜 걸어왔는지
여름휴가 보낸 이처럼 검게 그슬은 그녀
오자마자 반가운 인사 대신
줄자나 잡으라는 내 말에
그녀는 줄자 양쪽으로 내 얼굴 가늠하며
기웃기웃 동네 사람들 재보고 있었다
모두 가족처럼 평화롭게 사는 마을
아내는 시원히 수박 두 통 냈다
산불감시원 덕에 큰 불 안 냈고
그나마 흐트러지지 않고 살았다는 생각
새벽녘 매미 울음소리처럼 내 머릿골에 퍼졌다
나이 들어 시들해진 그녀의 업무
골짜기 물 줄어
통발에 물고기도 들지 않는 계절
산불감시원은 허리 구부정한 산 사나이
얼굴 땀만 훔쳤다

(2006/8/1, 가은에서)

박사 사모님

다문다문 꽃무늬 핀 원피스 하늘하늘 양산
생글생글 다니는 흰머리 소녀
더운 데서 일하느라 고생이 많아요
감자 삶아 왔는데 좀 먹고 하세요
뙤약볕에 녹은 일꾼들 시원한 인정 마시게 했다
늘 하는 말, 박사하고 살아보면 여한 없겠다
그래서 그녀, 박사 사모님이라 부른다
하루는 쑥 갈아 쌀가루 버무려
검정 설탕 넣어 만든 떡
하루는 쫄깃쫄깃 절편
내 가슴에 수줍게 놓고 갔다
늘 입가에 미소 감치는
일흔 두 살 소녀, 어쩌면 그리 귀여울까?
그녀는 진짜 보살, 진짜 인생박사
동네에서 웃음꽃 제일 먼저 터뜨린다

(2006/8/1, 가은에서)

옆에 사는 여자

박속 낙지 탕을 먹고 오른 강원도 높은 산, 언덕이더라니. 옆에 사는 여자가 나와 그걸 먹고 따라오더라니. 골탕나게 힘든 길, 나만 춥더라니. 배에 짜릿함 싣고 달리는 파로호, 물 추위에 찔린 나를 보듬어 주던 그녀, 뒷매김질하는 배에서 풍덩 빠진 나, 약손가락으로 턱 건져 올리더라니. 저녁노을 징그러운 해산이 갈 길을 휘집어 놓자 꺾은 막대 하나 짚고 휘 날 업고 사뿐 내려오더라니. 스무해 남짓 갈고닦은 내 재주, 도마질만 한 그녀만도 못하더라니. 가만 누워있어도 저절로 별이 보이게 해주는 그 여자, 신주처럼 모시고 산다니.

가을 거리로 들어가다

한 뼘 볕이 아쉬운 계절, 나를 붙잡고 있던 것들 갈아입고 설익은 그리움 따라 어디론가 떠나본다. 달콤한 아이스크림 물고 골목 따라 재재거리는 젊은이들, 은행나무길가 버스 정류장에 누군가 기다림을 물고 서있다. 그녀를 업고 걷는다. 북적대는 사람들 속, 후끈 보신탕으로 몸을 달군다. 네온 조명이 공연 중인 거리, 피아노가 누워있는 앞에서 붉은 머루술 한잔 마신다. 배경음악을 까는 필리핀 가수의 노래 곡조 따라 기타를 어르며 마이크를 핥는다. 퍼지는 붉은 머루술 향기, 노래는 한국, 영국, 스페인, 필리핀을 입술에 적신다. 아는 여자와 나는 신혼여행 중, 걷기만 해도 저절로 덩실거려지는 밤, 배 불룩 그녀, 온 도시를 삼킨 모양이다. 청둥오리, 달을 물고 가을을 날고 있다.

황태

한겨울 말방리 단층斷層도 동면중
새벽바람부터 기계가 잘라 놓은 지층들
삽과 호미로 다듬는다
개자리에 굴뚝 그을음 떨어지듯
괴타리 아래로 얼어내리는 영하의 추위
사분사분 드리운 줄 사이 눈빛을 쏘아댄다
새가 조금이라도 튼 양이 보이면
새색시 얼굴에 연지 찍듯 못을 족 박아간다

끼니때면 뜨끈한 국물 짜르르
뱃속에 차오르는 몸살 기운 사르르
얼었다 녹았다 푸석해진 얼굴
바람 타고 여드레 누렇게 뜬 몸
얼음장 갈라지듯 스멀스멀 퍼지는 짬
단층이다, 황태다

(2009/12/22)

파도는

봉길리 앞바다
동해 용왕이 팔을 벌려서일까
파도는
대왕암 벌린 품안에선 잦아든다
밤 대추 배 사과 참외 수박 진설하고
바닷바람에도 꺼지지 않게 촛불 밝혀
용왕님께 비는 끝없는 굿
홋소리 짓소리 이어지는 사뇌가
가슴 찌르는 징소리 커질 때마다
파도는
화답할 듯 모래밭위로 몰아친다
빌고비는 그 간절한 기도 속에서
구경만 하고 있던 나는
제물로 방생되고 있다
천년을 두고 이어지는 그 의식
신받이, 만신 덕에 용왕을 만나고
천년을 두고 쌓인 간절한 소망에
파도는
거품 문 용처럼 그칠 줄 모르고 파닥인다

안면도 가는 길

바다가 지네처럼 스멀스멀 그리운 날엔
안면도에 한번 가볼 일이다
기다림이 수억 년 쌓인 퇴적층
소금 바람에 세월도 주름진 안면도
따개비 바위, 굴이 솔처럼 울까봐
또 찾는 안면도
안면도에 가려거든
꽂지, 밧개, 두여, 바람아래, 틀무시
고운 이와 함께 가볼 일이다
매끈한 다리 쭉쭉 뻗은 안면송
할미 할배 머리위로 지는 낙조
벗뚝 돌아보고, 딴뚝 돌아보고
떨어지지 않는 발길, 힘든 고삐질
묵은 정은 바다에 씻고 올 일이다

홍주성으로 후퇴하다

대전 유성에서 진군하여 계룡산 공주를 지나도 적군은 없었다. 정산 청양 대치고개 드문드문 바람에 입술 깨물고 있는 적들. 긴 칼을 뽑아들고 적을 향해 돌진하여 장은리 남당리에 이르니 적들은 무리를 지어 나무마다 흐드러지게 진을 치고 있다. 아, 이 봄 벚꽃, 구경 한번 못하고 보낼 뻔한 적들. 결성에서 만해스님이 승병을 일으키고 갈산에서 김좌진 장군이 이룬 대첩에 바닷가 호박돌 박힌 자갈바위 남당리 에둘러 적들이 퇴각하려 몰려서있다. 적진을 뚫고 모래바위, 뻘바위 켜마다 흐드러진 적들의 숨결. 이 좋은 봄을 다 누리지 못하고 싸움만 하며 살았다는 응혈이 등줄기 지양혈에 뭉친다. 홧병이다. 숨을 못 쉬겠다. 홍주성으로 후퇴. 성안은 견훤왕의 대군에 맞서 크게 이긴 태조 왕건과 군사, 명자꽃 잔치가 한창이다.

미타 섬에서

세상이 준 환멸 지우려 찾은
아름다운 미타 섬
배 타고 온 첫날 내가 한 말은
이 섬에서 평생 살자
이튿날은
한 달만 살고 가자
사흘이 되니
떠나고 싶은 마음만 굴뚝같았다
나는 뭍사람
이레 만에 섬사람이 되지 못함은
뭍에서 엮인 질긴 인연의 끈들이
날 놓아주지 않기 때문일까
그래서 미련한 중생은
아비지옥에서도 얽혀 사나 보다

잘난 놈

우스개를 버무려 이모님들께 흐뭇하게 대접한 날이면 탑거리 큰 이모는 물었다. 동상은 뭘 먹고 저렇게 잘난 놈을 낳은 겨? 그럴 때마다 응, 겉절이 먹고 쑥 낳았어, 힘도 안 들이고 내놓던 어머니의 답변.

세상을 하도 빠대고 다녀 못이 생겼다고 넌 못 생긴 놈, 못 생긴 놈 하지만, 울 엄마는 나, 잘난 놈이래. 앞으로 못 생긴 놈 소리 또 하면 울 엄마한테 이를 거다.

전설도 세월의 녹에 꺾인 중년
엄니, 어디 계세요
세상이 날
못 생긴 놈이라 놀려요

로즈마리

늘 소파에 앉아있는 그녀
내가 출근하는 아침에도 저녁 식사를 한 뒤에도
텔레비전을 보고 신문을 보고 책을 읽는다
스스로의 세계 안에서 나 없이도 잘 산다
살며시 다가가 톡톡 어깨를 두드리며
침잠한 시야 안으로 첨벙 얼굴을 던지면
빙긋 웃음은 파장 이뤄 내 머리를 감싼다
그때 그녀의 향내는 내 코에서 비명을 친다
누군가 다가가지 않으면
부는 바람으로 날씨를 가늠하며 사는 화초
혹시 벌레가 생기지 않을까 걱정되다가도
아무 말 없이 그녀를 보듬고 물을 준다
꿋꿋이 잘 자라지만
다가가는 손길이 없으면 향내를 뿜지 못하는 그녀
향내를 맡기 위해 그녀의 긴 머리칼을 쓰다듬는다
그녀의 가슴에 나를 매달아 놓고 코를 골며
하루를 지고 다닌 고단한 몸을 재운다

그녀 아들 방에서 자고 싶다

그녀는 아들이라면 꺼뻑 죽는다
고3 수험생 되니 한층 더 그랬다
잘 테니 5시에 깨워 달라는 아들
잠을 설쳐가면서도 군말 하나 없던 그녀
아들이 드디어 서울로 떠났다
온기가 남은 그 녀석 방
그녀는 자주 들러 쓰다듬곤 한다
나도 그 방을 둘러본다
그 방에서 나도 자고 싶다
나도 그녀의 아들이고 싶다
먹어도, 먹어도 배고픈 봄날의 모성
나는 다시 그녀의 아기이고 싶다
그녀 아들 방에 누워 실컷 젖을 빨고 싶다

(2006/4/3)

민달팽이

나팔꽃 먹고 파란 똥 누고
장미꽃 먹고 빨간 똥
먹은 것 조금 덜고 다 내주며
한낮 뙤약볕에서도 꿋꿋이 버텨낸 삶

나팔꽃이 밤새 흘린 눈물 마시고
장미꽃이 지키는 길가 바위벽과 씨름
해거름에 늘어진 몸
집으로 돌아와
웃음 탄 술 한잔으로
덴 살 다독이다 잠드는 하루

푸른 똥 누고
누런 똥 누다가
기어이 피똥을 싸는

표절

날 사랑했던 여인들이
내 가슴속 눈길에 찍은 발자국
지금의 여인은 지우고 있다
늘 술이 되어 날 취하게 하고
눈부심으로 세상을 보지 못하게 하며
지난 길은 돌아보지 마라
과거는 다 촌스럽다
아픈 과거는 그만 잊어라
내 가슴에 하얀 가루를 뿌린다

그녀의 질투는 작년 겨울의 표절이다

목발 짚은 비둘기

토요일이면 먹을 쌀 가지러 기차 타는 일, 내 대학생활의 규칙이었다. 나를 실은 용산발 비둘기호에는 목발 짚은 사람 하나 손 내밀고 다녔다. 이레마다 탈바꿈하는 그, 하루는 목발 두 개, 하루는 하나, 하루는 지팡이, 하루는 검은 안경. 그의 변신은 활동사진이 되어 비둘기호 타고 달렸다. 또 토요일, 만난 그, 멈칫하며 동상, 오랜만이네, 잠시만 기달려, 내가 돈 좀 맨들어다 줄 텡께. 난데없이 두게 된 형님, 한참만에 돌아와 동전 700원을 건넸다. 곁에 있던 사람들, 우르르 자리를 떴다. 나로 하여 익명의 선글라스를 벗은 그, 그로 하여 익명의 탈을 벗은 나. 1979년 대통령 죽고 새 시대가 오자 그도 보이지 않았다. 세상에 숨김이란 있는가? 한번은 보고 싶은 그에게 하고픈 말, 천천히 칙칙 시동을 건다.

성님, 재벌 되셨지요?
인저 술 좀 사세요
나, 내라는 세금 다 내고
달라는 거 다 내고 사느라
얼마나 힘들었는지 아우?

호구

기차만 타면 번호표 나누어준 이들에게 321번 손님이 되는 나, 늘 경품 당첨, 표 하나 사고 영화 두 편 보는 극장에서도 나는 늘 외제 카메라 당첨, 저들이 날 호구로 보고 있다는 걸 늦게야 알았다. 아버지 입원하자 식당 하는 외갓집에 온 지민이, 이리 치이고 저리 혼나던 다섯 살배기를 두 달 동안 무릎에 앉혀 맛난 것 먹였는데 하루는 내 귀뺨을 때렸다. 사람들에게, 외할머니에게 또 혼났다. 누가 호구인지는 동물 감각으로 알아채지는 것, 도덕성과는 멀었다.

밥 사주고 술 사주고 수다 떨어주니 별의별 소릴 다 늘어놓는 인연들, 내가 보고 싶다 가끔은 전화를 하는 걸 보면 세상살이 무게를 호구에게 내려놓는 모양. 꾹 눌러도 가만히 있는 부처님, 등신, 잡아도 가만히 있는 생선, 멍텅구리. 이런 바보, 저런 호구 없으면 하소연할 데 없는 사람들, 못 살 것 같다. 곱은 인연들을 위해 바둑돌을 끼워 넣어 호구를 쳐 본다. 내가 알지 못하던 삶들이 그물에 저절로 걸린다.

깜장 구녁

진안 하고도 블랙홀 카페, 미모 받쳐주는 주인, 그녀를 보는 순간 어찔함을 느꼈어. 갑자기 무중력 상태, 의식이 없어지는 상태를 경험하고부터 그런 것을 깜장 구녁이라 부르기로 했어.

서울 어느 곳에 가면요 영어로만 말해야 된당게요. 한국말, 중국말, 베트남말, 프랑스말 고딴 거는 사라져 불고 영어만 주렁주렁 쓴다요. 큰 자본들이 세계 농업 망하게 해불고 그들이 파는 것만 먹는 세상도 온다 안 합디여? 허울만 좋은 세계화, 신자유주의, 떠블유티오 그 뒤엔 세계 돈 다 빨아들이는 아주 큼직한 구녁이 있당게요.

얼굴이면 얼굴, 지식이면 지식, 입 딱 벌어진 나, 그녀의 블랙홀, 그 깜장 구녁에 쭉 빨려 들고야 말았어.

오동차 전설

국제석유모임에서 차 때문에 창피 당했다며 한 박사, 나보고 그의 애마, 포니를 그냥 가져다 타라 했다. 양복에 바바리코트 입고 가족과 가는 고향 길, 기다리는 어머님께 으스댈 거리가 생겼다. 똥차? 어험, 오동차라 불러주세요. 서울서 대전으로 이사와 함께 산 어머니, 내가 대학 들어가자 용회 엄니 와서, 그 집 아들 서울 있는 대학 들어갔다더니 탄광이나 댕기는 학과라대, 소리에 며칠 몸져 누웠었단다. 또 용회 엄니 손자 업고와 그 집 아들 출세했다더니 똥차 끌고 왔대, 할까봐 걱정이었다. 이태 타고 겨울을 못 넘기고 주저앉은 오동차, 대신에 프라이드를 샀다. 그제야 자존심 세운 어머니, 세숫대야에 물을 떠다 차 씨서리도 해주셨다.

가을이면 전설 속 오동차를 타본다
그 때 그 들떴던 흥분과 회한
후후 불어 붕붕 풍선 달고
가족과 시간여행을 떠나본다

내 지갑엔 도둑이 산다

돈 쓸 일 생기면 지갑 속에서 신용카드, 제 발로 나와 돈을 꺼내준다. 누구네 아들 결혼, 누구네 초상집 부조부터 해라 윽박지른다. 술 좋아하는 카드 녀석, 또 술을 마시잔다. 돈이 없는데? 걱정 말아. 돈은 누가 갚고? 그거야 나중 일이잖아. 이 놈 하는 짓이 신용카드가 아니고 외상카드다. 지갑 속 다 쫓아내고 혼자 떡 하니 드러누운 녀석, 어디 얼마, 어디 얼마 입 벌리고 있는 매출전표, 이불처럼 덮고 산다.

내 지갑엔 도둑이 산다
그놈 빚까지 갚느라 죽을 맛이다

마빡이

– 개그콘서트를 보면서

내 이마를 내가 때리고 있어
모든 게 내 탓이라고 생각하고 있지
손짓을 달리 해보면 내 탓일 게 있겠지
사람이 잘못을 저지르며 살수도 있지
그러나 되풀이하며 사는 건 잘못이잖아
사는 게 어렵다고 해
그게 내 탓일 수도 있잖아
알면서도 모르는 척 그냥 사는 것
그것만 해도 잘못이잖아
더 잘못한 게 없을까
두 팔을 뒤에서 앞으로 앞에서 뒤로 저으며
나는 나를 돌이켜 보는 중

같이 해보겠어
나, 골목대장 마빡이야

(2007/1/28)

야지리 모이

내가 쫄병일 때 정 병장님도 가끔씩은 전체 집합을 시켰다. 야지리 모이! 그가 한 말은 이 말 한마디, 순하고 착한 분의 이 명령은 태산보다 높고 호랑이보다 무서웠다.

서열대로 나란히 서 있는 앞에서 그분이 한마디 하고 나가면 백 상병 놈은 꼭괭이 자루를 빼서 빠따를 쳤다. 그 말이 표준말이 되어 다른 고참들도 그렇게 말했다.

그 외마디 소리가 없을 땐 언제 그 소리가 나오나 잠 못 이뤘고 늘 그 한마디 그리고 빠따, 그때서야 곤한 잠에 빠질 수 있었다.

바람결이 순탄치 않은 세상에 대고 큰소리로 외쳐본다.

야지리 모이!

서울 사람들, 인제 원통하겠네

서울 살던 여인이 인제 원통에 시집와 산 지 서른 해, 고들고들 기장 쌀밥에 산나물 반찬이 좋은 식당을 하다 친정일로 서울을 다녀오면 머리가 아프단다. 자신이 좋아하는 것, 하고픈 것보다 이 남자 눈치, 저 여자 코치, 제 멋에 겨워 살지 못하고 늘 소음에 시달리며 살아야 하는, 마치 귀신들린 사람들 만난 것처럼 두통. 그녀는 인제 원통이 좋단다. 천만이 모여 서로 좋다 해보았자, 서로 주가 올려 돈 많은 척 해봤자, 라는 그녀. 철마다 나는 먹을거리에, 때마다 갈아입는 저 설악의 자태, 가을이면 머루술에 취한 이처럼 위부터 붉어지는 단풍구경 하나 못하고 사는 사람, 지옥에 사는 거란다.

어떤 품바

오음리에서 훈련받고 월남으로 떠난 용사
베트콩의 수류탄에 부상 입고 온
임씨의 시간은 늘 과거진행형
혼자일 때면 그는
가리비 같은 두 손을 맞대고
애절하게 입 색소폰을 분다
서른 여덟 해 지났어도 가시지 않은 후유증
힘들 때마다 누구에게든 노래하라 하고
술에 젖은 입으로 그는 입 장구를 친다
굽이굽이 노래 구절마다 입으로 푸빠~푸빠~
고통의 날숨 푸~와 향긋한 들숨 빠~
몸에서 떨어지지 않는 흔적을 불어 날린다
살살이 서영춘도 그에게 배워 뿌빠라바빠 뿌빠빠
각설이도 배워 품바, 품바 한 거라고 말하는 그를
동네 사람들은 품바의 원조라 부른다
품바의 애절함 틈틈이 따다닥 나타나는 베트콩
안 죽고 살아 몰려오는 기억 저편의 악몽에
수류탄을 던진다 푸빠~ 푸빠~

만사형통

형이 없으면 괜히 춥다니께
혼자서는 놀 마음도 없다니께
마구 부려먹고 해야 대접받는 거 같다니께
형과 떨어지면 죽을 거 같다니께
난 혼자 아무 것도 못한다니께
형이 하라는 대로 해야 마음 놓인다니께
형이 없으면 형이 돼 줄 사람도 찾는다니께
내 것 다 뺏어가도 형이 좋다니께
난 형이 없으면 못산다니께

털고 싶은 빈집

샘밭에는 양철집 한 채가 있다
젊어 홀로 된 여인은 남편 대신 감나무를 심었다
대처 나간 아이들 보고 싶어 꽃나무를 심었다
지친 눈물은 장독 한 켠에 수정으로 자랐다
닦고 닦은 마루에 비치는 안주인
지게문을 열면 아이들이 엄마 밥 줘, 하며
돌아올 듯하다고 하는 그녀는 곱기만 하다
큰아들의 성화에 내놓은 집
천이백만 원, 헐해도 너무 헐하다
언젠가 돌아오고픈 주인 마음이 보인다
너른 세상에서 민달팽이로 살아온 나
그 집에 들어 살고 싶다
안주인을 섬기며 머슴으로 살고 싶다
수정처럼 맑게 이제는 살아보고 싶다

* 2006년 3월, 집 보러 처음 드므실 간 뒤 짓다.

나는 그녀의 이불을 덮었다

그녀를 보자마자 나는 그녀를 안았다
내 속에 안은 그녀가 지나쳐간다
나는 잊지 않기 위해 그녀를 안는다
나는 날 좋아하리라 꿈꾸며 그녀를 안는다
나는 그녀가 좋아할 날 기다리며 그녀를 안는다
나는 드디어 그녀에게 안겼다
그제서야 나는 진실로 그녀의 이불을 덮었다

자고 일어나니 그녀의 이불 밖에 내가 있었다
그녀는 없었다, 이불도 없었다
누가 뭐래도 나는 그녀의 이불을 덮었다
나는 그녀를 지금도 안고있다
내 안에서 그녀가 이불을 덮고 잔다

유령 노래방

거푸 노래방엔 가실 나실 다실 라실 마실 바실 사실이 있고 후미진 곳에 진실이라는 특실이 있다. 진실을 혼자 다녀왔다는 사람마다 수군거렸다. 주인에게 말을 않았는데도 늘씬한 도우미가 들어와 오래 만난 연인처럼 춤도 추고 신나게 놀아준단다. 해묵어 오그라든 남성도 마치 젊은이의 것인 양 곧추 서게 해준다는 말은 입에서 입으로 돌았다. 신기한 것이라면 사족을 못 쓰는 나, 몸매 정말 죽여주는 여인, 노래 빨, 춤 빨 나무랄 데 없는 그 여인 덕에 대장군이 되었다. 노래방 비를 내는데 도우미 팁이 없었다. 주려 달려가니 그녀도 없었다. 의아스러움과 으스스 떨려옴. 사람들이 수군거렸다. 옛날 공동묘지를 밀고 만든 동네다. 자신을 겁탈한 남자보고 같이 살자, 살자 해도 거절하자 목을 맨 여인 무덤이 있었다, 등등. 어느 날 진실의 옆 방 사실에 들러보니 갈라진 벽, 무슨 썩은 물인 듯한 것이 새고 지하실 특유의 기분 나쁜 냄새가 진동을 했다. 그 때 문틈으로 연기처럼 무언가가 휙 진실 쪽으로 달려가는 게 보였다. 머리칼이 쭈뼛, 내 남성부터 움찔, 온 몸이 오그라들었다, 식은땀이 났다. 진실에선 또 무슨 일이 벌어질까?

배후령

배후령 아래에는 고개 넘어 님 올까
사시나무처럼 파르르 기다리는 여인 살았더라
그리운 님, 꼬불꼬불한 길 넘어오느라
더디 오는 거겠지, 더디 오는 거겠지
저 모롱이 돌아 곧 오겠지 마냥 기다림에
버들개지 피던 눈은 금새 주르륵 먼산바라기

홀애미 집 굴뚝 냉기 더 맵다며
정을 쪼개 군불 때러온 남정네는
살쩍에 정만 물들인 채
산벚나무 불 오를 만하면 떠나고, 떠나고

그 자리마다 옹이 되어 아픔만 매단 채
속 배알 다 빼내고 산 세월
누군가라도 기대고 가라 하지만
속 빈 고목나무, 그림자만 드리웠더라

기다림도 꼬불꼬불 주름진 배후령
꽃 피는 춘삼월 내리는 눈에
허리 곱은 여인은 꽃 대신 상고대를 피웠더라

(2006/4/19)
배후령: 춘천과 양구 사이에 있는 고개 이름. 북위 38도선이 지난다.

넙가래 짚신

- 하남성 통바이(桐柏)를 지나며

마당에 깐 볏단 위 연자매 끄는 소
흙벽돌집 안마당은 마당질 중

다 털은 낟알들
바람에 검불 날리는 넙가래

곰방대 문 어르신
다 헤진 짚신에 차는 미소

쏟아져 날리는 잊혔던 전설
친링산 가로지르며 본 내 고향

(1999/10/12)
*넙가래: 넉가래의 옛말.

내 마음속의 그림

어릴 적 학교 그림 시간에
네모난 도화지를
검정으로 모두 칠하였더니
선생님은 무슨 짓이냐 혼 내셨다
선생님께 난 울며 말했다
내가 사는 곳은 온통 석탄 밭
며칠 뒤 갈 소풍에 싸가고 싶은 김밥
콜록거리며 막장으로 가는 아버지
가난에 찌든 어머니 생각에
모두 검게 칠하였다 하니
선생님은 날 부둥켜안고
내일에는
하얀 해가 뜰 것이라며 우셨다

(2005/11/27)

별

몽골 대초원에는 바다가 셋
너른 풀 바다
모래 바다
별 바다

밤이면 하늘에는
어릴 적 잃어버렸던 영웅들의 전설이
하나씩 켜진다
임금이 계신 곳에서
남으로 미리내가 흐르고
영웅들은 배를 타고 진군한다

그리고 뭍으로 내려와
땅 위의 사람들과 역사를 짠다
회오리 모래바람을 일으키며
하늘과 땅을 하나로 만든다

풀 바다의 질서가 깨질 때마다
모래 바다에서는
별 하나가 별 바다로 뜬다

(2005/11/27)

Од

Чой Помён шүлэг/ Даваасүрен Сүхтулгийн орчуулга

Монголын их талд далай гурав
Өргөн уудам ногоон далай
Элсэн далай
Од далай

Шөнийн тэнгэрт нь
Нялхдаа гээгдсэн баатрийн тухай домог
Дараалан хөврөнө
Их хаадын морилж байсан газараас
Өмнө зүгт түрэн урсах
Хөлөг онгоцонд суун хүлэг баатрууд давшина

Тэгээд хөрстөд бууж ирэн
Газар дээрх хүмүүст түүхийг тамгална
Хуй салхи нь босох үедээ
Газар тэнгрийг нэг мэт болгоно

Ногоон далайн цэгц тасрах бүрт
Элсэн далайгаас нь
Ганц од, од далайд харвана.

사막에서 낚시질을 하다

오르도스 시내 한참을 돌아다녀 겨우 산 낚싯대
물도 없는 사막
어디에서 낚시질하려느냐 사람들이 수런수런
줄은 필요 없다 하니 더더욱 갸웃거리는 거야
대를 다 빼서는 미터마다 색 테이프를 감았지
모래바람이 노래하는 사막 올망졸망한 산
낚싯대 빼서 쫙 드리우니
두께가 두 미터 넘는 검은 물고기 입질하더군
길이는 얼마나 길던지 수십 미터
바위 벼랑에 붙어사는 검은 그 녀석
파르르 떨 때 그 손맛 정말 짜르르하더군
2억 년 묵은 묵직한 놈
쥬라기 때부터 풀만 먹고산 화석 물고기
골짜기마다 낚싯대를 드리웠지
잔챙이도 두께만 반 미터
실한 녀석이 잡히면 두께가 네 미터, 길이 쉰 미터
난생 처음 맛보는 짜릿한 손맛
이 맛 보려고 난 오르도스 돌숯 밭을 간다
사막에서 낚시질해보겠어?
육포에 요구르트 치즈 순진연대 생수
밑밥으로 참 좋더군

(2006/6/10, 내몽골 민달탄광에서)

垂釣于沙漠

崔範泳 詩/金仙女 譯

在鄂尔多斯市内游逛了好半天才买到鱼竿
没有水的沙漠
人们喧哗要垂钓于何处呢?
告知无需鱼线更是莫名其妙
拔出鱼竿每一米之处缠上了彩色胶带
风沙高歌的沙漠，大大小小的山
拉长鱼竿垂悬
2米多厚的鱼儿咬动鱼饵
长的足有数十米长
附着于岩石峭壁上生活的那家伙
摇摆着颤动时的手感真是好刺激
沉睡了2億年的沉甸甸的家伙
自侏罗纪便食草为生的化石鱼
垂钓于每个峡谷
小鱼的厚度也足有半米
钓到粗壮的家伙厚度足有4米，长为50米
有生以来第一次品尝到的刺激的手感
为尝试这滋味我走向鄂尔多斯煤田
是否要垂钓于沙漠?
肉脯，酸奶，奶酪，純眞年代 矿泉水
作为鱼饵真是好极

(2006/6/10, 在内蒙古 民達炭矿)

토굴집에 살다

산자락을 내리깎아
마애불이라도 모시련만
나란히 판 토굴 감실에는
부처님 같은 사람들이 산다
도시가 더욱 높이 개미탑 쌓느라
여념이 없는 사이에도
산서성山西省 임현臨縣에는
토굴 토굴 토굴 토굴
다락밭 따라 기장 서숙 감자 옥수수
목화 사과 토마토 풍성
겨울 따시고 여름 시원한 극락 세상엔
선한 사람들이 산다
서른아홉 도 염천炎天
시원한 물로 목욕 시켜주리라는 도시도
며칠 세 들어 살던 나를
끌어내지 못했다

(2007/8/10)
* 2007년 여름 중국 산서성 임현에서 한 달 동안 석탄조사를 하며 토굴집을 본 느낌을 적다.

끓는 물 한 대접

서른아홉 도의 뙤약볕 황토고원, 더위 빗겨 토굴집을 찾았는데 방안이 궁금하여 주인아주머니에게 물 좀 주실 수 있느냐 발을 걷고 물으니 침대 앞 물독 곁 화덕에서 끓인 물을 자장면 그릇, 큰 그릇에 가득 따라 내게 건넸다. 어느 날 그 집 바깥양반이 초롱에 출렁출렁 물을 지고 오는 걸 보았다. 골짜기 멀리 산 밑 해바라기 밭 지나며 물 긷는 그를 보았다. 산을 넘어 어느 마을 어르신께 이것저것 물으며 담배를 권했더니 집에 가 물 한 대접 마시고 가란다. 차도 아니고 음식도 아닌 물을 마시고 가란다. 그 물은 또 얼마나 멀리서 길어온 물일까?

나를 버티어 온 가녀린 생각들이
황토고원 좁은 다락 밭 따라
옥수숫대처럼 자랐다, 기장, 서숙처럼 고개 숙였다
감자밭 지나 목화밭을 훑고 지났다

(2007/8/17)

개밥바라기

일꾼들 익은 하루 다 나눠먹을 즈음
초원 멀리 어둠과 빛이 이룬 경계 위
숭늉 내미는 이름 모를 별

살점 바른 양고기 뼈를 던진다
먼지바람과 소리도 늘 살펴 짖던
마을 일꾼 바사르가 달려간다

하얀 눈 속 폐타이어처럼 웅크린 생명들
밤새 포근히 안고 있다가
아침새벽 샛별로 뜨는

(2010/3/26)

자다가

진주일까 진안일까 포천일까 포항일까
목포일까 춘천일까 서산일까 군산일까
내몽골 사막일까 서몽골 초원일까
집 안일까 집 밖일까
자다가 문득 치오르는 생각
시간과 공간이 멈춘다
나는 어디에 있는 걸까
어느 방향으로 자고 있는 걸까
나로 화들짝 놀란 새벽도 자다가
옥천일까 대전일까
어둠 걷어차고 산 아래를 내려다본다

개기일식

내가 얼굴 가리고 있는 동안
내 앞에 있던 잊고 싶은 것들아
야지리 사라져라

머리를 자르다

– 싹둑 잘린 시

두 달 만에 머리 깎으러 미장원에 갔다
미용사와 이것저것 엮어 이은 대화 줄에
오랜 여행으로 축 늘어진 피로를 빨아 널었다
대화가 말라갈 즈음 시 얘기를 집게에 물려놓았다

시 좋아하십니까?
다음번에 올 때 시집 한 권 갖다 드릴까요?
아니요, 시 안 읽어요
별 사람들이 다 시집을 내데요
받은 시집이 얼마나 많은지 책장에 가득해요
그녀는 머리카락을 자르면서
내 말도 함께 싹둑 잘라버렸다

머릿속이 아득해졌다
머리카락 자르는 소리에 뎅겅 잘린 머리
미장원 밖으로 떼구르르 굴러갔다

(2006/4/22, 양구 출장 다녀오는 길에)

돋보기로 들여다보다

내가 적고도 보이지 않는 글씨
눈을 비비고 보아도 알아볼 수가 없었다
서랍을 뒤지다 찾아낸
원로 한 분이 퇴직하며 남긴 돋보기
떨어진 테, 몇 번인가 붙인 테이프 자리
네모난 배불뚝이를 대고 들여다보니
자꾸 묻어나는 석탄가루
석탄의 결 따라 지층을 새겨 넣은 글씨
다 버리고 떠난 땅에도
희망의 민들레가 싹틀 날 있다는
잊힌 비목 하나 서있었다
아이엠에프로 명예퇴직을 했던 그
연탄 쓸 사람 없다
필요 없는 분야부터 털어낸다
탄광 갱도 달리던 광차부터 멈춰 섰다
깨지고 버려진 돋보기
이제 눈물도 마른 내게 돌아왔다
석탄이 청정에너지로 거듭났다 하는데
대거리 없는 메아리 속
깨진 틈 무지개 비추는 돋보기
요즘 사람들의 불룩한 배
더욱 불룩하게 보이게 하였다

나이가 잇새에 끼다

나이는 술인가? 많이 먹다 보니 술 취한 양 대접 받을 때도 있다 그 나이 들도록 무얼 했느냐 나이 값도 못하느냐 먹은 나이가 자꾸 잇새에 낀다 나날이 바뀌는 서울 표준말, 어줍은 입안에 가시처럼 자라고 어머니 전해준 말은 입 밖으로 나오며 생채기가 난다 나이 따라 느는 것은 봄바람만 불어도 노여움뿐 먹던 반찬 내놓듯 한 대접뿐

반찬투정 않고 열심히 살았다
허나 먹어 다 소화된 나이에도
가끔은 체하곤 한다

(2009/03/11)

그 해 여름 풍경

– 2006년 여름 물난리와 더위 투성이 사람들 머릿속은 사막이 되었다

1

태풍이 퍼부은 장대비
산사태로 몰려온
이재민들의 절규
소통의 다리 넘지 못하고 걸려
홍수 이루다

2

이놈의 더위 얼른 갔으면 좋겠어
너무 그러지 마세요
저 멀리서 곡식 익는 소리
고소하게 들리지 않아요?

3

밤새 뒤척뒤척 잠 못 들게 하는
참고 자려해도 머릿속 들끓게 하는
얼른 떠났으면 좋겠다 생각케 하는
지긋지긋한
너, 열대야?

4

이리저리 고개 돌리는

쉼 없이 바람 피우는
얼굴 붉힐 줄도 모르는
너, 선풍기?

5
공포에 떨게 하는
잡혀간 현서 안부 송곳증 나게 하는
오직 한 가지만 생각게 하는
하여, 마치 한국경제처럼 떨게 하는
너, 괴물?

6
누군가 애 낳아 재 둔
또 낳아 비닐봉지에 싸 넣어둔
아무도 부모라 나서지 않아
홀로 아이의 영혼 보듬은
너, 냉장고?

7
형님이 다해주는데 무슨 독립
형 하자는 대로 다해줘요
그냥 그늘에서 살자구요

형 말 안 들으면 군대 철수한다 하잖아요
작전통제권 넘겨준다는데 겁나잖아요
형님하자는 대로 뭐든 다 들어 줘요
바다에 빠지더라도 구형 전투기 팍팍 사줘요
에프티에이 잘 통과시켜요

8
임기 한달 남은 고이즈미
전범 유해 안치된 야스쿠니 참배
잘못된 공약도 지키는 게 미덕
끝까지 지킨 국민과의 약속
세계 정의 대신 챙긴 인기
현재 개그콘서트에 출연 섭외중

9
내 생각과 반대인
옳지 않은데도 꾸역꾸역 끝까지 해부치는
남 피 보게 하면서 정의라 우기는
너, 모기?
너만 살자 방벽 치고
그 밖 사람에게 죽도록 공습만 하는
너, 지구 좀 떠날래?

올해 태풍에 애벌레 다 떠내려갔다며?

그래, 올해 여름은 길어, 너무 길어
윤달이 여름에 낄 건 또 뭐니?

(2006/8/15)

갈대는 울지 않는다

갈대는 지난 과거 생각지 않는다
고달픈 세상살이 오직 즐길 뿐
갈대가 소리 내는 건
바람에 이웃과 부딪힘 때문이다

갈대가 흔들리는 건
바람 때문만은 아니다
뛰어다니던 짐승
들키지 말라는 몸짓 때문이다

갈대는 울지 않는다
홍수에 몸이 다 꺾여도 울지 않는다
울어도 눈물이 없다
눈물이 날지언정 소리 내지 않는다
다만 쉰 목을 고를 뿐이다

찔레꽃 피고 뻐꾹새 울면

보리밭 둑에 앉은 찔레
덜 익은 보리 까먹으며 흰 꽃 피울 때
배고프다 우는 동생 보듬아 안고
일 나간 어머이 아부지 기다리는 누이
뻐꾹새는 초가집 바지랑대에 앉아 울었다

햇살 따갑던 어느 늦은 봄 민주주의가 조그만 알을 낳았고 알을 깨기도 전에 독재가 그 둥지에 총알을 깠다 알 깬 새끼, 주인들을 밀어내려 하자 피맺힌 뱁새들의 절규에 찔레꽃은 눈물 가득 피었다

공부에 한 들린 누이
찔레꽃 피고 뻐꾹새 울 때
대처로 식모살이하러 떠났다
배워야 산다, 알아야 면장을 한다
보고 싶은 고향 생각
찌든 가슴 찔레 꺾어먹으며 달래다
뻐꾹새처럼 울망정
찔레꽃 피고 뻐꾹새 울면
검정고시를 거쳐 대학 졸업한
쉰 다 된 누이의 모습이
현대사의 승리인 양 울컥인다

사진

사진쟁이 왔디아. 언넝 새 옷 입고 나와. 어머니가 지어 준 바지, 부끄러워 나는 고운 누이 손 뿌리쳤다. 박제 호랑이에 백두산 배경 들고 사진쟁이가 또 왔다. 이 집 저 집 많이들 찍었다. 나와 중학 못 간 누이는 침만 삼켰다. 그 사진쟁이 있잖어, 하는 품이 간첩 같더니 호랭이 배에 무기 넣고 댕겼디아. 누이 시집가던 날, 늬덜은 오지말고 집 보고있어, 하던 어머니. 그래도 좇아간 동생은 혼만 나고 40 리를 걸어왔다.

어머니 환갑 날 돼서야
온 가족 함께 찍은 사진
액자 안에 꺼부성하게 서있는 나
오래 전에 돌아가신 아버지
똑 닮았다고들 했다

미인

쪽진 꽃 머리
너울 사르르
봄바람 누님
삼월

알림

나 시방 병원에 있슈
꼭 오라는 얘기는 아니네유
주스나 과일 먹고 싶어서도 아니네유
오랜만에 안부를 전하네유
보름 지났다는 말 못 해유
알고 온 이 하나 없단 말 못 해유
이 사람 저 사람 알리도 마세유
나 시방 병원에 있슈

(2008/1/6)

눈이 오다

정 노인은 폐암 선고를 받고 한 달만에 죽었다
뼈 마디마디가 너무 아프다 진통제 주사를 맞으며
삶의 마지막 순간을 내리는 눈발에 덮고 떠났다
그가 죽은 지 첫 돌이 된 지도 잊고
오랜만에 늘어지게 늦잠을 자는데
창틈으로 스미는 상쾌한 기운이 발을 간질인다
그 손길에 이끌려 밖으로 나가니 온통 눈 천지
정 노인이 환생한 듯 눈이 하얗게 쌓였다
가루처럼 눈이 날려 옷 속을 파고든다
한해 내내 무거운 짐을 지고 예까지 달려온
태가인 양 푸근히 주머니 속으로 들어온다
가슴팍을 타고 맑은 바람이 스며들면서
갑자기 가슴이 아파 온다
정 노인의 혼에 쓰인 듯
또다시 뼈마디가 아파 온다
목도 삼 년이면 늙어 약값도 안 된다, 했던
정 노인 생각이 갑자기 두껍게 쌓이는 너른 들판
강아지처럼 뛰어 놀던 눈밭. 괜스레 싫어진다
몰려오는 피곤
곰처럼 개구리처럼 겨울잠에 들고 싶다

어느 무덤가에 앉아

사는 게 별건가
죽으면 썩어질 몸
목구멍에 풀칠하려
밤낮으로 뛰어다니고
억지 춘향 휘둘린 세월
억울하고 또 애달파
끓어오르는 피의 몸부림
사랑이라 새기며
뗏장 덮고도 못 놓을 인연
끈만 쥐고 가는 게지

내 술의 도수

세상이 날 패대기치고 울리는 날
곱게 차린 술이 날 맞아준다
18도든 48도든
마시고 나면 36.5도
365일 늘 36.5도이다

내 안에서
술과 세상은 술래잡기중

지체 높은 신발

이 신발은 디자인이 좋으세요
가격도 좋으시고 이만한 품질도 없으세요
여종업원이 그칠 새 없이 진열장 앞에서 침을 튀긴다
어쩌다 신발이 저리 지체 높은 대접을 받을까?
평생 사람을 이고 다닐 것이기 때문일까?
늘 낮추고 험한 곳 먼저 살대며
살아야 하는 것이기 때문일까?
갑자기 나도 저 신발처럼 진열장에 놓이고 싶다
평생 짓밟히고 짓눌리더라도
지체 높은 저 신발처럼 대접 한번 받고 싶다

돼지국밥

남면 삼거리 식당
산타고 허기진 배를 채우기 급급한 나
새로 담근 겉절이라며 내놓고 즐거워하는 주인
친정에서 내일 갓김치가 올 테니 기대하란다
산에서 내려온 멧돼지처럼 허룽대며 먹은 국밥
뒷맛이 혀 돌기마다 싸하게 감친다
내일은 또 무엇이 있을까? 궁금해 본 적이 없다
내게 내일을 기다리게 만드는 그녀
작은 식당 손님 많지 않지만 늘 즐거운 그녀
내일이라는 희망을 후루룩 돼지국밥에 얹어준다
식탁 어섯 흘레붙는 파리 한 쌍마저 곱기만 하다

(2008/6/4)

전화 자주 하는 그녀

오후 늦은 시각, 눈도 침침 기지개, 창밖 하늘이 눈에 들어올 때면 나긋나긋 그녀가 띠리리 전화선을 타고 내 삶터로 온다. 좋은 정보 있는데 투자 좀 하세요. 돈이 없어요, 제가 무슨 돈이 있겠어요? 노후에 돈 없으면요 거지요 거지. 강원도에 좋은 땅이 나왔는데 보실라우? 강원도? 노후에는 전원에 살아봐야지? 하는 생각이 전화선을 비비 꼬이게 한다. 돈이 없는데 어쩌우? 융자를 받으면 되잖우. 융자요? 이보세요, 보다보다 앞뒤 꽉 막힌 양반, 해가기 전 얼굴이나 한번 봅시다. 내 삶에 화난 그녀가 다 저녁 해거름, 붉은 재 뿌리며 전화 속으로 또 휑 들어간다.

제비 식당

서부면 남당항 삼거리 식당
아침이면 나이 지긋한 작은 어머니가 밥 해 준다
바지락 국에 밥이 나올 무렵
식당 안 서까래 밑 둥지에선 제비새끼도 찌지굴
환기구멍으로 들어올 어미를 기다린다
오이소박이 먹어볼 겨?
박하지 먹어볼 겨? 내놓는다
간장에 졸인 게가 밥을 훔친다
많이 먹으면 일 못 해유
주는 대로 먹어
저절로 나는 제비 새끼가 된다
아침밥 얻어먹을 수만 있어도 살 만한 동네
나를 먹여주고파 하는 식당도 있으니
많이 먹고 커 식당 안을 날아다니는 제비새끼처럼
떠났다가도 나는 저절로 집인 양 찾아든다

(2008/8/6)

묵은 오이

식당 문 삐끗 오이 한 상자 들어오자 주인은 삐끔‥, 총총 맞는다. 오이 한 상자 5천 원인디 좀 들어놓으쇼! 잉? 삐둘삐둘 말라 어디 쓰겄소? 오늘 하나도 못 팔았지라! 오이지 담으면 될랑가? 하나 줘보쇼! 식당 밖에서 기다리는 오이 여러 상자, 하나 골라 물큰 오이 아작 씹고 싶은 마음 꿀꺽. 마흔 넘은 양반인디 여적 혼자지라. 그가 떠난 빈 공간에 울린다. 살 임자 없으면 삐둘삐둘 말라붙는 취청오이나 저 사람이나. 그의 삶이 보글보글 보신탕을 들고 온다. 볕에 그을어 마르고 가시 돋친 검푸른 손, 내 입에 보신탕을 떠넣는다. 땀 흠뻑 흘리고 든든한 배, 돌아서 혀끝에 감도는 뒷맛이 쓰디쓰다. 섬진강에서 자맥질하던 쪽 달도 구름 속으로 숨는다.

(2005/7/22, 임실군 관촌에서)

아마도가 있다

군중 사이 성긴 곳, 사람 손닿지 않는 곳에 아마도란 섬이 있다. 무리 속 해일이 외로움처럼 숨 못 쉬게 할 때면 산소 공급. 날마다 펼쳐지는 공연 따라잡지 못할 때면 위로 공급. 깃발의 환호가 혀에 감치지 않을 때면 흥분 공급. 하여 살아있음을 느끼게 해 준다. 잔인한 세파로부터 나동그라진 나를 지켜주는 아마도. 누구도 건드릴 수 없기에 나만의 소망은 소중하다. 아마도 옆엔 지금도란 섬이 있다. 돌보지 않지만 늘 거기 잘 있을 거란 희망이 고집스레 머문다.

아마도
지금도
그 때 그 사람은
그 때 그 사람들은
날 기억하며
행복해 할 것이라 믿는

컴컴한 가게

내리쬐는 뙤약볕 어지러운 머리 하얗게 질리는 시야, 색안경 써야 세상이 보인다. 해 저녁, 물 좀 하나 주세요. 이 가게 왜 이리 어둡죠? 물었더니 색안경 좀 벗고 보시오. 아차, 주인의 핀잔이다. 세월의 비에 푸스러진 화강암과 모래바위, 온화하게 보이던 것도 색안경 쓰면 하나가 더 붉게 보인다. 어울러 지내며 한 몸 된 것마저 굳이 구별해야하는 직업윤리가 색안경을 끼고 날 보고 있다.

이제까지 눈앞의 것, 참말
얼마나 제 빛깔로 보고 살았을까?
한 뼘 붉은 저녁 햇살 들이친 가게
빤짝이는 초록 반디와 파란 바람
홍실모텔 403호로 따라 오고 있다

해미성 오랑캐꽃 여인

해를 안고 해미성 해자垓子 따라 진남문 지나 장대 보며 바장이는 길, 성위 누군갈 보며 손가락질하는 오랑캐꽃 있다. 온갖 참견 다하는 제비꽃 서방 마뜩치 않아 오랑캐댁 보랏빛 장옷은 너풀. 성 지키다 말고 군사가 어딜 가나 마나 풀 짓은 논, 피사리나 좀 하지. 차라리 아주 군사가 되든가. 다른 남정네처럼 골목집서 보신하고 은하수주막서 놀다 밤새 집에 좋은 기분 쏟아주든가. 그녀의 튀긴 침에 해자가 넘친다.

성 안 소나무와 대나무, 어느 것이 더 절개가 높소? 과묵한 내가 묻는다. 하나는 가족 굶겨가며 절개 지키고 하나는 가족을 먹여는 살리잖우? 그 집도 대나무처럼 속이 비었소? 저 도랑 맹꽁이와 개구리 가운데 누가 더 낫습니까? 저 화상은 저 혼자 밤새 개굴개굴 맹하면 꽁하는 맹꽁이만도 못합니다.

맹꽁 안기는 저녁노을
오늘은 어디서 빈 골을 채울까
뚠전뚠전 오랑캐꽃 밥집 삽작 삐거덕
잘 삶은 닭 가슴 살 꼭꼭 씹는다

(2009/07/22, 일식이 있던 날 해미에서)

* 중국 산서성에서 만난 열여덟 살 스승과의 일화를 해미읍성海美邑城 마을에서 삶아 짓다.

꼬집기

모자란 곳이 있으면 꼬집어 주십시오!
어디를 꼬집으면 가장 아픈가요?
예, 그곳은 마음 속
눈물로만 꼬집을 수 있답니다.

나와 계契를 해온 당신

인연 맺고 정분 쌓다
두터운 정을 들이고
맺은 인연 끝까지 가겠노라 다짐
나란히 세상 걸어가리라 계약
가슴에 새긴 약속
몸과 마음 다해 애써 지키고
하여, 가족 이루고 이름 드높이니
나는 이제까지 당신과 계를 해온 셈
계契라는 글자에 아로새겨진 뜻만큼이나
당신은 나와 한 동아리
그로 한 울에서 사는 모양입니다

동면冬眠

소식도 끊고
담배도 끊고
술마저 끊고
회춘

미루나무 서점

외로 꼬인 삶을 데리고 가끔 그 곳에 들러
처음 보는 책 가까이 그 녀석을 앉히고
잔술 한잔과 뜨끈한 국물을 시키지
빨리 다가가 너무 들이대면 수줍음 놀랄까봐
눈웃음만 짓고 있지
몇 쪽의 말이 펼쳐져 나와 살맛나게 해줄까
웃을 준비부터 하지
읽을 구절이 바빠서 내일이나 온다 해도 좋아
늘 홀로서도 즐거워 춤추며 사는
저 미루나무
책 열 권 읽은 턱이니

(2007/12/1)

강남역 해수욕장

강남역 해변에 수레로부터 부려진 나는
밀물로 몰려오는 인파와 맞닥뜨렸다
헤엄쳐 어디론가 가고 있는 이들 가운데
귀마개 한 이들은 훙얼훙얼 팔을 젓고
네모난 갑을 귀에 대고 무언가 뱉는 이들은
한 손으로 헤어갔다
모두 내게 거슬러 헤엄쳐갔다
갑자기 폭우가 내리쳤다
수릅雨傘을 쓰고 거센 물살을 헤치는 무리
솟구쳐 오를 때마다 짜릿한 괴성
세모 파도를 맞은 나
어느 집 유리벽에 부딪쳤다
누군가 나를 잡아채었다
아내와 딸내미
쵸콜라타, 프라골라, 리모네, 바닐라 얼음 구적
귀뺨 맞은 모카커피mocha frappé
바닷가 아늑한 타월로 젖은 몸을 감싸주었다
유리 밖 해수욕장엔 파도를 앞에 두고
땅 배들이 줄줄 줄을 섰다
고해苦海 달리기 출발 신호
기다리는 모양

(2007/6/21)
* 과학기술우수논문상을 수상한 날 강남역 풍경을 보고 짓다

고양이 손자

둘째마저 대학으로 제 길 떠나
집안의 아내와 나 사이
텔레비전 소리만 덩그러니 남았습니다
오랜만에 모인 가족 사이
딸내미가 데려온 고양이
구겨진 종이 몰며 축구를 하였습니다
공부하느라 힘들지, 객지서 고생이 많지
물어야 할 자리엔 재롱과 웃음이 채웠습니다
제 어미인양 딸내미 곁에서 자고 일어나
할아버지 할머니 뵌 듯 안기는 꼬꽁이
다시 모두 제 자리로 돌아가던 날
부헙한 마음만 졸졸 거실을 돌아다녔습니다
그 새 보고 싶어 전화통을 잡고는
울애기 잘 있지? 차속에서 멀미는 않았니?
눈에 삼삼해 번갈아 묻는
아내와 나 사이엔
새로 맞은 손자가 삽니다

(2007/5/5)

달팽이집은 언제 짓나

우리 집에는 달팽이집이 꿈을 먹고 있다. 흙으로 둥글게 에우고, 가운데 불 자리 두고, 빙 둘러앉아 밥도 해먹고. 흙과 나무로 돌돌 쌓아올려 방 만들고. 큰애가 대학 경영학과 들어갔다. 건축학과 간다는 둘째, 아부지, 달팽이집 지을 거지요? 누나가 졸업해 돈 대고 내가 설계하면 되겠네요. 쓸모없이 버려진 조그만 동산 하나 사자. 나무와 바위 살려 돌돌 달팽이집을 짓고 기와를 올리는 거야. 난간은 밀양 영남루처럼 날개 계단 만들고…. 재수 시작한 둘째, 아부지, 문과로 바꿀래요. 건축학과 다니다 다시 재수하는 선배 만났는데요, 희망이 없대요. 동화 속 달팽이집에서 가족 모두는 나왔다.

애들아, 달팽이집은 그만 지을 거니?

민들레 전봇대

피붙이들 모두 객지로 흩어졌다 쳐
혼자 벌어먹고들 사느라 뼈만 앙상해졌다 쳐
봄 안고 간 곁지기 겨울 돼도 올 줄 몰랐다 쳐
전봇대만 밤새 덜덜 떨고 있다 쳐
전화가 친구들의 부재만 뚜뚜뚜 알렸다 치자고
날씨가 몸 고샅고샅 찬김을 몰고 다녔다 치자고
재롱 피우던 고양이마저 죽었다 쳐
얼근해진 소주가 김치라면 뺨을 때렸다 쳐
그리고 봄이 왔다 치자고

봄을, 봄을 민들레는 얼마나 기다리는 걸까
땅바닥에 납작 웅크리고 있던 한뎃잠꾼은
하여, 전봇대 세워 노란 꽃 한 송이 피우는 것일 게다

(2009/11/2)

상처

지가 아물지 않고 배길까
그래서 참고 사는 거라지

궁남지 노래

– 서동요 후렴

善化公主主隱
王后密只池乙尋古
末通大王主逢乃
夜矣蓮飯乙賜以遣去如

션화공쥬님은
왕후 그슥 못ㅇㄹ 찾고
막동대왕님 맛나
밤딕 연밥을 드로곡 가다

헌혈을 질투하다

군대 간 아들 녀석이 휴가 온다는 참 오랜만의 기별. 대전역에 도착했다고 연락 올 때 되었는데, 되었는데. 전화선 타고 온 녀석의 굵직한 목소리는 헌혈하고 있다가 집에 온단다. 헌혈이 아부지, 엄마보다 좋단 말인가? 신종독감에 고생은 않았는지 밥은 잘 먹고 지냈는지 궁금한 마음 너머로 불쑥 질투심이 인다. 예쁜 아가씨인가? 맛있는 빵 함께 먹으려나? 맛있는 음식 해놓고 기다리던 아내도 애인 생겼는가 보라며 집보다는 밖에 좋은 게 있는 게 분명하다는데 헌혈을 괜스레 질투한다.

아들아 헌혈이 어찌 생겼니?
나도 좀 인사 시켜줘라

(2009/12/12)

나와 먹는 저녁 식사

왁자지껄 군중 속에서 크게 외로움을 느낀 뒤부터
내 얼굴 바라보던 이가 내 외투만 본 걸 안 뒤부터
내 피 눈물이 장난이냐고 말 들은 뒤부터
가끔 상처 받고 괴로워하는 나를 만난다
애써 눈물 삼키지 못해 괴로워하는 나란 녀석
내 말을 가장 잘 알아주고 들어주는 나란 녀석
나를 나보다 더 아끼는 나란 녀석
하여, 오늘은 그를 만나 단둘이 밥을 먹는다

껍데기는 오라

못난 한 짐승의 살갗 되어
찬 서리 눈보라 지레 맞고 살다가
삶의 속 알맹이 다 빼앗기고
이제 남은 껍데기는 오라

옷

예비군 훈련 때 '깨구리복' 을 입으면
사람들은 저절로 익명의 너울을 쓴다
하나가 술 먹고 꽥꽥거려도
욕먹는 건 소리 지른 하나 아닌 집단
하나는 무죄인 집단 속에 묻힌다

병원이다, 모두 파란 옷
바지가 내려가 꼬추가 보여도
흠도 아닌 분위기, 어차피 환자다
이레 동안 머리를 안 감아도
몸에서 잇똥내가 폴폴 나도
뭐랄 사람이 없다

의식이 사람을 만든다 생각하며 살았다
허나 마법의 옷을 입으면 별 수 없다
인격을 벗긴 옷이 대신 인격이 되나보다

갓 돌 지난 민재가 힘을 주듯
건너편 병상에서
한 어르신이 용쓰며 똥을 눈다
마법의 옷을 입고, 떳떳이

명주 저고리 옷을 입은 님이 벚꽃 길에서
본디 옷 입고 내가 병원 나서길 기다리는데

승무僧舞

서리서리 산수유 마을
에워 돌아 절로 가는 길
똬리 받쳐 물동이 인 여인
뒤 테 하늘하늘 아리도 삼삼
참회, 또 참회, 참 참회는 멀고
벽에 걸어둔 입, 못내 못 이루는 잠

머귀나무에 앉은 달 노래 따라
잉아 줄 당기며 디딘 버선발
가슴을 굽혀 칠정의 키질
사뿐 두 손 올려 내리찧는 방아
꼬리 치며 오르는 훨훨 날개 짓
질라래비훨훨 질끈 고운님 소리

머귀나무 위로, 구름 위로
다 품지 못하는 세상
훨훨 나는 하늘 두루미

천장天葬

초원의 역사를 짓다가 숨 거둔 룹상
스님의 기도를 듣고있던 영혼이
빠져나가기도 전에
사람들은 머리와 발을 만져보았네
머리가 따시면 천국, 발이 따시면 지옥으로 가련만
그의 몸은 어디도 따신 데가 없었네
천국도 지옥도 아닌 허공을 떠돌 거라 했네
영혼이나마 하늘로 올라가라 모신
초모룽마가 멀리 보이는 제단 위
인연에 긁힌 팔다리 살점 발라내고
두려움에 오그라든 배알을 꺼내고
기다림에 눈물만 적시던 가슴 살 쪼아내고
이승의 미련 가둔 머릿골 파내고
남은 살 발라내고 또 발라내고
남은 뼈 갈아 피로 경단을 지어
독수리가 먹고 하늘로 가라 기원했네
넙적다리뼈 피리로 영혼을 불어대며
산을 내려오는 길
라꾸라의 입김에 룹상은
골수에 박힌 역사의 교훈을 하늘로 뿌려댔네
죽음은 자리바꿈일 뿐
역사 위에 이름을 새겨놓는 것이
영원히 죽지 않는 길이라 했네

금복주 마시다

당신으로 버텨진 오늘
그로 살아남을 수 있던 우리
하여, 나는 당신 있어 행복합니다

신탄진 공단 조성지 발굴 현장에서
발견된 40년이 넘은 소주병에는
그윽이 풍만한 포대화상
세상의 짐을 지고 게송을 하고 앉아있다
막힌 병을 열어보니 타임캡슐
희뿌연 담배연기
수북한 신탄진 담배꽁초
왁자지껄 사내들의 떠드는 소리
한 여인의 당신 진짜 왜 그래 비명
그들을 어머니 품처럼 보듬고 달래주던 술
하여, 이튿날이면 대견한 사람 만들어주던
시대가 녹아 있다

금복주를 마신다, 어느새
신탄진 시장골목 좌판에 내가 앉아있다
순대국을 떠먹을 때마다
아직 곰삭지 않은 고통의 과거시간이
말방울 울리며 저렁저렁 펼쳐진다
나도 엄마의 사랑 한껏 들이켜 본다

말하믄 무엇 혀

저기 뜀박질하는 사람덜 엄청 덥겄네. 말하믄 무엇 혀. 저리키 해봤자 일등 이등 삼등만 상 받고 꼴찌는 축에도 못 끼겄지? 말하믄 무엇 혀. 만날 뛰고 힘살 단단 울룩불룩, 그게 운동 아녀? 말하믄 무엇 혀. 우리나라 사람 다 저리키 튼튼했으믄 좋겄네. 말하믄 무엇 혀. 잘난 놈이나 못난 놈이나, 앞장 서 가는 사람이나 뒤쳐져 용쓰는 사람이나 함께 사는 세상 왔으믄 좋겄네. 말하믄 무엇 혀.

저녁 참 수그러드는 해
시원한 탁배기 생각 몰고오네
마라믄 무어 뎌

(2009/6/18, 갈산에서)

뒷북을 치다

청사초롱 홍사초롱
옥천구읍 한옥마실 잔치
고향임 명창 소리 스르렁 채우니
구월 저녁은 박타는 흥부네 집

손님도 하나둘 다 뜬 빈 객석
흥에 못 이겨 혼자 남아
박 따던 고수께 부탁한 중중모리에
뜸부기를 날렸더니 제대로 타령

박마다 보물 터뜨린 흥부네 아우성처럼
잘한다 박수도 뒷북에 어울리는 저녁
쑥대머리 흔드는 늦바람
밤새운 참새 떼마저 재재거린다

암만

품안에 자식이지. 암만. 자식덜이 서운케 헌다구 내가 늬덜을 워티기 키웠는디? 해봐. 오냐구? 암만. 나 인저 모르니께 늬덜찌리 잘 살어라, 해봐. 더 자주 오지. 암만. 마찬가지여, 바람피울 티믄 피워봐라, 멍석 깔어놓으믄 하던 짓도 못히아. 암만. 그러기만 했다 봐라, 죽는 중 알어, 해봐. 더 야단이지. 암만. 근네 뛰듯기 앞으로 굴르믄 앞으로 갔다 뒤로 오고, 뒤로 굴르믄 또 뒤로 갔다 앞으로 오구. 암만. 글메 내 꺼다 하믄 다 도망 가구 내 께 아니다 하믄 세상이 다 내 께 되는 겨. 암만. 그러기 떨에 소금엣밥 장앗지이만 먹더래두 베풀고 살라는 기지. 암만. 글메 나한티루 다 되돌아온다는 겨. 암만.

바람 불어 좋은 날

바담 부더 도은 날, 바담 부더 도은 날, 버버리 봄의 속삭임을 '바람 불어 좋은 날' 로 알아듣는 나, 이해심 많다고 해도 될까? 잠깐만, 봄은 바람부터 더운 날이라 했을지도 몰라. 쥐어지지 않는 바람, 머릿속의 자로 재며 대충 그럭저럭 살아왔는지도 몰라. 또 그리 살다 정든 별과 함께 스러지는 게 사람살이일지도 몰라. 낯선 것들을 지우고 싶은 두려움의 도끼질은 이제 그만. 막연히 두려움만 주는 것들, 이제 설렘으로 다가가 조곤조곤 볼 부비며 말을 건네고 싶다. 새로 맞은 낯설음이 새 세상을 열지도 모르잖아. 바람 불어 좋은 날이니까, 바람 불어 설레는 날이니까. 너도 낯선 나에게 따사로운 바람일 테니까.

뚱딴지

형은 매 새끼를 내려다 키웠다. 매가 개구리 뒷다리 먹고 나면 꽁지를 내밀어 바로 밑 오줌 파내기에 볼 일을 보았다. 으스스 저녁 무서움에 소막간 갈 수 없어 오줌 파내기에 큰일 몰래 보다 혼나던 날, 매는 끼룩 밤새 뒤척였다. 마당 가운데 병아리 한떼, 지게 소고발 속에 둥지를 틀었다. 매가 커서 휘휘 마당을 돌 때마다 어미 닭은 죽는 재수를 했다. 병아리는 거름탕 옆 짚더미로 숨거나 호르륵 소고발 속 어미 품으로 들었다. 하라는 공부나 하지, 뚱딴지같이 웬 매 새끼를 키우는 겨? 형 나무라던 어머니 소리도 지치던 날 삽작거리 수문장 같은 뚱딴지는 노랗게 꽃을 피웠다.

성님, 매 키워 새 좀 잡었슈?
명절이면 형님이 그린 산수화에
뚱딴지같이 매를 그려 넣고 싶다

섬

내가 나일 수 없게
아니 나로만 살도록 갇힌 땅
하늘은 늘 희뿌연

내일을 모른다
아니 오늘도 모른다
어제도 이미 망가졌다

불안한 씨앗들
오직 남은 즐거움, 희망
유전자를 퍼뜨리는 일

우뚝 발기한
세계첨단일류명품초고층
외줄 가지에 펄럭이는 단말마

그래, 그대 사는 곳은
목하
섬이다

백지리에 살다

백악기 말 화강암 관입 후 문명의 자취 백지인 동네. 휘굽은 강, 대나무 숲 마을엔 물고기와 송이버섯과 오래 묵은 삶들이 산다. 어르신들께서 내게 물으신다. 수염도 나고 한 이른은 넘으셨소? 저, 서른 이상을 못 세어 나이를 모릅니다. 하긴 나도 그래, 하긴 나도 그래. 모두는 나를 동생이라 부르신다.

석쇠 위에 지글지글 맛있는 냄새를 구을 즈음 저녁별처럼 하나 둘 모이는 마을 사람들. 휘늘어진 대나무가 술을 따르고 온도와 압력에 변성된 그들의 이야기도 자글자글 구워진다. 쥐라기 때 작살로 공룡 잡던 이야기, 석탄기 때 굴속에서 금 캐던 이야기.

저기 별 하나 누가 따다 좀 구워 보지. 숯불에 노릇노릇 구워 나눠 먹으면 다들 어린아이 될 것 같아! 제가 한번 별을 따 보겠습니다. 허우적허우적 후리나 장대가 하늘에 닿질 않는다.

바람이 분다, 휘굽은 강 물고기 도리뱅뱅이로 입안은 고소하다. 천국에 살고 있음을 입에 든 술 한 모금이 일러준다. 흐늘거리던 대나무가 구름을 쓸어낸 자리엔 별들이 빼곡하다. 올해 땅콩 농사 풍년 들겠다.

바오밥나무

꿈속 좁은 땅에라도 사람들이 나무를 심고 있다는 걸 집을 지으며 알았다. 창동 동생은 만날 때마다 바오밥나무 심으라고 난리. 바오밥나무 심으면 잡풀이 자라지 않고 우뚝 그늘이 되어줄 것이라며 늘 권한다. 아들보고 늘 권하는 팔뚝 굵은 여인을 닮아 정원 겸 밭에 잡초는 보이는 족족 뽑아댈 터, 현란한 세상에 뻗치고 싶은 욕망 또한 족족 솎아댈 터. 허나 한 뼘도 안 되는 텃밭을 가리고, 대나무가 구름 쓸어낸 자리의 별마저 가리고, 조그마한 집마저 삼키고.

사람들은 꿈마다 바오밥나무를 심고
난 밤마다 뽑고
머릿속 생각나무 다시 자란다

* 바오밥나무: 표준어는 바오바브나무.

깨가 고소한 이유

늦게 핀 들깨 꽃에 벌들이 잔치
자그마한 꽃에게 꿀 내놓으라
들깨를 들볶는다
그곳이 설령 어느 밭모퉁이일지라도
한 뼘 볕에 달달 볶은 깨
하여, 고소해지는 까닭인 모양

너도 들들 볶여 사니?
고소한 삶이 기다릴 거란 희망
따가운 햇볕에서 휘휘 저어 본다

(2012/10/6)

엄마가 되다

엄마, 심심해
전화통을 잡은 아이가 우짖는다
우짖음도 잠시
엄마 지금 바쁘다고 몇 번이나 말해
바쁠 때는 전화하지 마라고 했지
왜 자꾸 해서 힘들게 하는 거야
눈물을 닦은 아이가 수화기를 내려놓는다
또 아이가 전화를 건다
또 엄마는 각본을 줄줄 왼다
이건 아니다 싶어 한마디 내가 거든다
얘야, 엄마가 일 끝나면
맛있는 것 사다 주실 거야
조금만 기다리면 퇴근 시간, 착하지
울음을 그친 아이가 집으로 향한다
잠시 불이 난 전화통
난 잠시 그 애의 엄마였었나?
해도 기운 묵은 나이에
누군가의 엄마든 아빠든 될 수 있다니 행복하다

최범영 시집 해설

견고하고 질박한 언어들

김 윤 태 (문학평론가)

최범영 시집 해설

견고하고 질박한 언어들

김 윤 태 (문학평론가)

시인과 나는 대학 동창이다. 그는 자연대 지질학과 출신이고 나는 인문대 국어국문학과 출신이라 전공 학과는 다르지만, 우리는 종종 어울려 놀곤 했다. 왜냐하면 그가 국어국문학(더 정확하게는 국어학)을 부전공했기 때문이다. 그래서 그와 나는 국어국문학과를 중심으로 어울렸던 것인데, 사실은 학과에서보다 그의 자취방에서 만나는 일이 더 많았다. 당시 그는 국문과 학생 R과 자취를 하고 있었고, 1980년대 초 시대적 울분에 빠져 밤늦도록 술 마시고 놀던 우리 친구들은 그럴 때면 으레 R의 방에 몰려가 자곤 했는데, 우린 그렇게 만나서 주로 술자리에서만 어울렸다. 그는 국어국문학과의 각종 교내 행사나 학술답사에도 빠지지 않고 늘 따라 다녔기 때문에 나는 그가 지질학도란 걸 전혀 알아차리지 못했고, 졸업할 무렵이 되어서야 뒤늦게 알고는 그가 매우 특이한 인간일 거라고 생각하였다. 그는 그렇게 학부를 마치고는 지질학과로 되돌아갔기 때문에, 나는 더 이상 그를 보지 못했다.

그러고 세월이 31년이 흘렀다. 작년 9월에 페이스북에서 그를 다시 만난 것이다. 물론 그에 대한 풍문은 R과 다른 친구들을 통해 종종 듣기는 했다. 가령 한겨레신문에 연재하던 우리 말(방언)에 대한 칼럼을 쓰는 이가 그이라는 말을 전해 듣곤 했다. 우연히 페이스북에서 만나 내가 먼저 말을 건네며 알은 체를 하자, 그는 당황하며 금방 날 알아보지 못했다. 그리고는 아마도 대전에 사는 나의 국문과 동창들에게 나름대로 정보를 얻어낸 모양인지, 이내 반가워하며 짐짓 놀라는 시늉을 했다. 사실 놀라기로는 내 쪽이 더했다. 그가 하고 있는 일을 보면, 나로서는 놀라지 않을 수 없다. 그는 학부 전공을 잘 살려 대전의 '한국지질자원연구원'에 근무하며 살아가고 있는데, 국어학 부전공도 잘 살려 알타이어나 방언학 분야의 권위자가 되어 있었다(그가 낸 『말의 무늬』라는 책이 그 증거다).

더욱 나를 놀라게 한 것은 그가 이미 두 권의 시집을 낸 시인이라는 점이었다. 그가 시인이 된 과정에 대해서는 내게 어떠한 정보도 알려준 바가 없어, 내가 직접 인터넷을 뒤져서 알아냈다. 명색이 대학에서 현대시를 전공하고 25년을 강의도 하면서 살아온 나로서도, 우리나라의 모든 시인들을 다 알기는 어렵다. 게다가 그는 대전 지역에서 주로 활동하고 있었기에, 내가 그의 존재를 알아차리기란 당연히 쉽지 않은 일이다. 언제 등단했는지는 잘 모르겠고, 인터넷에서 알려주는 정보에 따르면, 그는 첫 시집 『하늘타리의 외사랑』(2003)과 두 번째 시집 『연이 걸린 둥구나무』(2005)를 냈다고 한다. 그리고 '서정시마을, 모닥불, 오늘의 문학, 현대시문학, 대한문학인협회, 대전문인협회, 금강문학회' 회원이란다. 겉으로 보기엔 대단히 왕성한 활동가에 정력가라는 생각이 든다. 지질학자에,

방언학자, 그리고 시인이니, 그는 욕심도 많다. 백면서생의 티를 여전히 벗어나지 못한 나로서는 엄두도 못 낼 일이다.

내가 전공을 국문과로 정한 데는 시인이 되고픈 욕망도 없다고 할 순 없었을 터인데, 정작 나는 시인되기를 포기하고 시 평론이나 쓰는 책상물림 신세인 데 비하면, 그는 놀랍다. 그를 31년 만에 만난 나는, 그가 하도 신기해서, 그의 시집 해설을 쓰기를 자청한 측면이 있다. 그걸 통해 그와 내가 흘려보낸 31년이라는 세월의 공백이 어느 정도 메꾸어질 지도 모를 것이라는 기대가 없지 않았던 것이다.

시인으로서 최범영은 아무튼 내겐 낯선 존재이지만, 이번 시집에서 읽은 몇 편의 시에서 그의 시인으로서의 자의식을 읽을 수 있어 어쩌면 다행스럽고 반갑기도 하다. 가령 「머리를 자르다 싹둑 잘린 시」라는 작품에서 보면, 몇 달 동안 지질조사를 하며 머리를 깎지 못한 텁수룩한 차림으로 미용사에게 시집 한 권 선물하고자 수작을 부리다가 거절당하고는, "그녀는 머리카락을 자르면서/내 말도 함께 싹둑 잘라버렸다"고 엄살을 부린다. 그에게 시는 적어도 '머리'('머리카락'이 아니다)와 맞먹는다. '머리'와 맞먹을 만큼 그에게서 시는 소중한 무엇이리라. 시에 대한 그의 인식을 조금이나마 느낄 수 있다. 하나 더 보자. 찾아보니, 그의 옛날 시 중에 「내가 시인이라고」란 작품이 있다.

> 내가 시인이라고
> 점잖은 본보기여야 하고

우주의 슬픔 다 떠맡아
지구를 지켜야 한다는 말
부인합니다

내 시로
하늘이 내린 삶
바꿀 수 있다는 생각
부인합니다

내 속의 분방한 나와
절제된 나의 싸움 속에서
둘에 짓눌린 눈 뜬 나를
지키렵니다

떠돌이 삼류 악사로
어릿광대로 그렇게
사람들 속에서 사는 삶이
내 깜냥이니까요

그는 시가 우주적 규모니, 운명의 전환이니 하는 것들과 엮어 있다기보다 그저 갈등하는 자기 내부에 존재하는, 즉 '내 깜냥' 안에서 이루어지는 예인('어릿광대')적 삶의 표출 정도로 받아들이고 있다. 그러니까 그는 적어도 시 나부랭이로 온갖 포즈를 잡지는 않는다. 그에게 시는 자기표출이자 자기만족으로 족하다고 여기는 듯하다. 젊은 시절의 나였더라면 그런 그에게 불만을 느꼈을지도 모르겠으나, 지금은 괜찮다. 시가, 문학이 너무 거창해서야 되겠는가. 시 몇 줄 읽고 마음이 평온해지고 작은 깨달음이나마 얻으면 얼마나 다행인가.

이번 시집에서 「아마도가 있다」란 작품은 더 재미있다. '아마도' 라는 부사어를 섬[島]인 양 그려낸다. '아마도' 는 "잔인한 세파로부터 나동그라진 나를 지켜주는" 존재이다. 게다가 "아마도 옆엔 지금도란 섬이 있다. 돌보지 않지만 늘 거기 잘 있을 거란 희망이 고집스레 머문다"고 한다. '아마도'와 '지금도'는 막연한 수식어에 불과해 보이지만, 그의 삶을 지탱시켜주는 세계관을 내장한 톡톡 튀는 부사어들이다. 이 두 개의 부사어가 곧 그에게는 '시의 정체성'일 것만 같다. 그래서 잘 쓰든 아니든, 잘 팔리든 아니든, 그런 것과는 관계없이 "아마도/지금도/그 때 그 사람은/그 때 그 사람들은/날 기억하며/행복해 할 것이라 믿는" 것이기에, 그래서 그는 시집을 내고 있고 앞으로도 계속 낼 것이라고 나도 믿는다.

이번 그의 시집의 작품들을 일별하면, 대체로 그의 직업과 관련하여 파생한 자연친화적 인식과 반성적 사유를 만나거나, 성장기의 흑백영화 장면 같은 이야기들을 접할 수 있다. 그것이 그의 시에 나타나는 일반적 경향인지는 아직 난 잘 모른다. 다만 우리 세대는 현대사의 격동기를 살아오면서 정치적 격동의 넓은 사회적 스펙트럼을 경험한 터라, 그도 역시 역사학에도 관심이 있고 관련 논문도 발표한 적이 있다 하니, 개인의 미시역사 기록을 하고 싶었는지도 모르겠다.

우선 이 시집의 표제작인 「고봉밥 어머니」부터가 그러하다. 유소년기의 삶은 언제나 빛바랜 사진과도 같이 오랜 세월이 흘렀지만, 그 화해롭던 시절의 꿈과 평온은 쉬이 사그라드는 것이 아니다. 흔히 어린 시절의 추억을 말할 때는 보릿고개와 같은 가난 같은 것들을 곧잘 결부시킨다. 우리나라의 근현대사를 돌이켜보면 그다지 틀린 것만은 아니다. 전쟁과 가난은 우리 사회의 극복 과제였고,

먹고 살 만해진 현재는 그것들이 추억으로 남겨져 있다는 것이 대체적인 정서였던 것이다. 그러나 추억은 가난과 같은 아픈 과거만을 향하진 않을 것이다. 가난이 곧 불행일 수는 없는 것이기 때문이다. 그가 추억하는 것은 어린 시절의 가난이 아니다. 오히려 어려운 살림이었지만 서로 도와가며 살갑게 보듬고 의지하며 살아가던 공동체의 훈훈한 인정에 대한 그리움이다. 가난하고 힘들어도, 손님에게는, 또 타지에 나가 돌아온 자식에게는 '고봉밥'을 먹이려는 어머니의 그 따스한 마음, 다만 그것을 시인은 노래하고 싶었던 것이리라.

「뱀장어」에서는 아예 노골적이다. 어린 시절 뱀장어 잡이 하던 일화를 소개하고는, 그 마지막 연에 이르러 "식당 석쇠 위에서 뱀장어 지글지글 노릇노릇 구워진다. 미끌미끌 헤엄치는 기억들, 뱀장어 사이 비집고 불꽃처럼 하늘하늘 연기 피운다. 비어가는 내 유년에 술을 따르는 아내, 장어 한 마리 화르르 내 추억 위에 얹어놓는다.(밑줄은 인용자)"라고 대놓고 시인은 추억을 말하고 있다. 시간이란 불가역적이어서 그리움의 대상일 수밖에 없고, 영원히 잊히지 않는 황금빛으로 남아있게 된다. 누군가 그렇게 말하지 않았던가. 시란, 서정이란 본질적으로 '회상(Erinnerung)'에 속하는 것임을. 또 「찔레꽃 피고 뻐꾹새 울면」에서는 가난으로 인해 학교에 다니지 못하고 대처로 식모살이하러 간 누이가 검정고시를 거쳐 50대의 나이에 대학까지 졸업한 사연을, 그 '인간 승리'의 미담을, 민주주의를 획득해 간 우리의 현대사에 빗대어 말하고 있다. 그랬다. 가난했던 우리의 지난 시절에는 많은 누이들이

자기희생적 삶을 살면서 이 땅의 경제 발전에 적잖은 기여를 했다. 이 시는 그런 누이들에 대한 헌사이기도 한 셈이다. 「가재」 「오동차 전설」 「어머니의 장독광」 「사진」 「내 마음 속의 그림」 같은 작품들도 이런 '추억'의 시편 계열에 속한다.

그리고 그 기억의 단편들은 세월을 훌쩍 뛰어넘어 현재의 가족에 대한 애정과 회한으로 변주되기도 한다. 가난했던 과거보다 현재의 풍요로운 삶이 더 행복하다고 할 순 없다. 행복이란 물질적인 것보다는 정신적인 것과 연관되기 때문이리라. '추억' 속의 나는 어느덧 장성하고 성가成家하여 자식들도 낳고, 그들마저 다 키워 제 갈 길로 내보내고 나서 다시 아내와 둘만 남아 고양이를 손주 삼아 산다는 「고양이 손자」라는 작품에 이르고 있다. 즉 '추억'의 시편들은 다시 '가족애'의 시편들을 여럿 낳는다. 그러나 오늘의 현실에서 이것들은 더 이상 '추억'이지 않고, 가족 간에 느끼는 한 순간의 즐거운 희망이 되거나 아니면 반대로 냉혹한 현실의 아픔 혹은 체념이 되거나 한다. 이를테면 「달팽이집은 언제 짓나」 「헌혈을 질투하다」가 전자에 속한다면, 「민들레 전봇대」 「나와 먹는 저녁 식사」는 후자에 가깝다. 이는 적어도 시인이 인생에서 낙관과 비관 어느 쪽으로도 치우치지 않고 있음을 잘 보여준다. 흔히 시인들은 비관주의(pessimism)에 기울기 십상이다. 세상의 여러 직업들의 평균 수명을 조사한 통계 자료가 있다. 거기에 따르면 시인의 평균 수명이 가장 짧다고 한다. 우리는 가령 박인환의 시 「목마와 숙녀」 같은 작품들을 통해 페시미즘에 얼마나 익숙해져 있는가. 그런데

최범영 시인은 비관으로만 치닫지 않는 균형 감각을 비교적 잘 유지하고 있다. 이것이 그의 시가 구축한 견고함이리라. 우리의 실제 인생에서도 삶이란 언제나 슬픔과 기쁨이 공존하지 않던가. 물론 그 균형추가 한쪽으로 쏠리는 경우도 종종 있긴 하나, 대체로 보자면 일희일비一喜一悲하는 게 인생이 아니던가 말이다.

그러한 균형 속에서도 시인은 오늘의 세태현실을 빗겨가지만은 않는다. 특히 「나와 먹는 저녁 식사」 같은 작품에서 그는 가정의 행복이 파괴되어가는 오늘의 세태를 피하지 않고 아프게 응시한다. 시적 화자는 "왁자지껄 군중 속에서 크게 외로움을 느낀 뒤부터/(…)/내 말을 가장 잘 알아주고 들어주는 나란 녀석/나를 나보다 더 아끼는 나란 녀석/하여, 오늘은 그를 만나 단둘이 밥을 먹는" 고독한 현재의 순간과 대면하고 있다. 혼자 먹는 식사, 요즘 점차 보편화되어 가는 1인 가족 시대의 풍속도이다. 이제 더 이상 가족이나 가정은 한 개인을 보호하고 위로해주는 울타리가 되지 못한다. 가족은 해체되어 가고, 가정은 다양한 모양으로 변모하고 있다. 다원적 문화의 시대로 접어든 것이다.

시인의 삶 역시 예외가 아닌 모양이다. 그는 직업상 전국으로, 때로는 외국으로 떠돌며 출장 가는 일이 잦다. 출장으로 공간이동이 심하다 보니 남다른 경험, 가령 유체이탈 같은 현상도 겪어본 모양이다. 자다가 놀라 깨어 일어나 불쑥 자신이 어디에 살고 있는지, 왜 이렇게 살고 있는지에 대한 자의식에 빠지곤 한다. 시 「자다가」는 그러한 상황을 포착하고 있다.

진주일까 진안일까 포천일까 포항일까
목포일까 춘천일까 서산일까 군산일까
내몽골 사막일까 서몽골 초원일까
집 안일까 집 밖일까
자다가 문득 치오르는 생각
시간과 공간이 멈춘다
나는 어디에 있는 걸까
어느 방향으로 자고 있는 걸까
나로 화들짝 놀란 새벽도 자다가
옥천일까 대전일까
어둠 걷어차고 산 아래를 내려다본다

–「자다가」 전문

지질 조사와 연구를 위해 그는 기약도 없이 전국, 아니 세계를 주유한다. 진주든 군산이든 그는 돌아다닌다. 심지어 중국이고 몽골이고 일본이고 간에 떠나간다. 이른바 '동가식서가숙'에 이골이 났을 터이다. 「개밥바라기」는 새벽을 몽골초원에서 맞이하는 풍경을, 「끓는 물 한 대접」은 중국의 황토 고원에서 물 한 대접 얻어 마시는 광경을 그리고 있다. 「토굴집에 살다」도 중국 산서성에서 석탄 조사하면서 토굴집을 본 느낌을 적고 있다고 시인 스스로 고백하고 있다. 「사막에서 낚시질을 하다」(중국어로 번역까지 해서 함께 싣고 있다)나 「별」(이 역시 몽골어로 번역해 함께 실었다) 같은 작품도 그 연장선에 서 있다.

그에게서 이런 종류의 작품은 제법 많다. 시집 전체에서 가장 많은 부분을 차지하고 있는 듯싶다. 「바위」「천수만을 방안에 들여놓다」「나침반」「봄이면 나는 늑대가 된다」「황태」「안면도 가는 길」「배후령」「서울 사람들, 인제 원통하겠네」「그녀는 산불감시원」「박사 사모님」 등이 바로 그의 직업(지질학자)과 연관되는 작품들이다. 그 가운데서도 「바위」는 그가 품고 있는 지질학자로서의 자기

정체성을 통해 시적 인식이 어떻게 드러나고 있는지, 그 과정을 엿볼 수 있어 주목된다.

장승처럼 서서
사람들이 하는 말 꼬박 들어주는 너
슬프나 기쁘나 즐거우나 괴로우나
묵묵히 눈 맞추고 바라보는 너
태산이 무너져도 꿈쩍 않고
격랑에 부서지고 깨져 모래가 되어도
수정 같은 결정들로 다시 태어날 너
종국에 지층 속 퇴적물이 되어도
세상과 조화롭게 살아갈 너
지각변동에 등 굽은 지층이 되어도
눈물단지를 안고 와 기댄 내 등마저
보듬아 줄 너
세파에 시달려도 꼼짝 않고
늘 그 자리에 있는 너
너를 만나면 해장국 먹은 듯
지구 나이 46억년 묵은 속이 개운하다

– 「바위」 전문

시인은 "세파에 시달려도 꼼짝 않"는 바위의 꿋꿋한 성질에 빗대어 인생을 말하고, 그것을 또한 인생의 좌표로 삼는다. 이는 삶에 대한 반성적 사유를 동반하여야 하는 것인데, 「돋보기로 들여다보다」에서는 그것이 더 돋보인다. "깨지고 버려진 돋보기"를 통해 삶의 진정성을 비추어 보고 있다. 신비평 이론가들(New-Criticists)은 문학의 외부를 차단하고 문학 자체를 절대적인 것으로 놓고 접근하기 때문에, 문학이 '잘 빚어진 항아리' 이기를 지향한다. 그러나 '잘 빚어진 항아리' 는 아름답기는 하겠지만, 완벽함 자체가 주는 질식 또한 부정하기 어려울 것이다.

일본의 한 미술학자가 조선의 '막사발' 의 미학에 대해

극찬을 아끼지 않았음을 우린 기억할 필요가 있다. "꾸밈이 없는 것, 사심(邪心) 없는 것, 솔직한 것, 자연스러운 것, 뽐내지 않는 것, 그것이 어여쁘지 않고 무엇이 어여쁠까"라고 말했음을. 특별한 장식도 없고 평범하기 그지없는 것, 그 속에서 참된 미를 발견하기. 내가 최범영의 시들을 읽고 받은 전체적인 느낌은 바로 그러하다. 그에게서는 '잘 빚어진 항아리'가 아니라 반대로 질박한 '막사발'의 멋, 그것이 느껴진다. 그의 언어는 세련되지 않다. 오히려 투박한 말 속에서 풍겨 나오는 생활의 기미, 인간의 냄새. 그것이 그만의 맛이다. 삶의 아픈 굽이굽이에서 그는 '거칠지만 진득한 시'를 지향한다.

그는 직업상 어쩔 수 없는 떠돌이다. 그에게 그것은 숙명이므로, 그는 그것을 받아들일 뿐만 아니라, 일견 즐기기조차 하는 듯하다. 그리고 떠도는 과정(여행)을 통해 그는 온갖 삶의 군상들과 마주친다. 그것이 바로 삶의 굽이굽이인 것인데, 그것은 사람일 때도 있고, 음식일 때도 있고, 사물일 때도 있을 뿐인 것이다. 「돼지 국밥」「제비식당」「내 술의 도수」 등의 경우는 음식을 통해 삶을 수긍하고, 「어느 무덤가에 앉아」나 「눈이 오다」에서는 인생무상을 노래하고 있다.

그러나 한편 그는 떠돌이를 운명으로 수용하고 즐기는 것에서 머물지 않는다. 세상을 조롱하고 풍자하기도 한다. 다채로운 시의 표정을 짓고 있어, 그의 시세계가 비슷비슷해 보여도 그다지 단조롭다는 느낌은 들지 않는다. 「알림」「전화 자주 하는 그녀」「만사형통」 같은 작품은 해학적이기까지 하다. 「지체 높은 신발」에서는 그가 언어학

자임을 은근히 드러내면서, 요즘 세상의 잘못된 경어 사용에 대해 조롱하고 풍자한다. "이 신발은 디자인이 좋으세요/가격도 좋으시고 이만한 품질도 없으세요" 라는 말들은 요즘 도회지 상가 거리에서 쉽게 들을 수 있는 말이다. 요즘 세상은 물건 사려는 사람은 안중에도 없고, 물건만 마구 존대한다. 나도 그런 말들을 들으면 참 귀에 거슬리고 마음이 불편해진다. 그런 세태에 대해 시인은 느닷없이 "갑자기 나도 저 신발처럼 진열장에 놓이고 싶다/평생 짓밟히고 짓눌리더라도/지체 높은 저 신발처럼 대접 한번 받고 싶다"고 능청을 떤다.

이 같은 풍자는 제법 긴 시 「그 해 여름 풍경」에서 정점에 이른다. 김기림의 장시 「기상도」에 비견할 만하다고 하면 터무니없는 과장일 터이지만, 2006년 여름의 날씨[氣象], 물난리와 무더위에 빗대어 서초동 서래마을에서 일어난 프랑스인 부인의 영아살해 사건, 한미FTA, 야스쿠니신사 참배를 강행하는 일본 고이즈미 정권의 희극적 정치행태 등 당시의 국제적인 시사문제에까지 풍자의 칼날을 들이대고 있어 한층 흥미롭다.

한편 시인의 떠도는 운명은 생에 대한 반성(혹은 풍자)적 사유와 만나는 것만은 아니라고 앞에서 밝힌 바 있듯이, 그것은 자연친화적인 시편으로도 나타난다. 「보리밭 모텔」 「뒤꼍부터 궁금한 집」 「로즈마리」 「갈대는 울지 않는다」 같은 작품들은 소품에 불과하지만 자연과의 친화를 통해 생의 따스한 긍정을 그려내고 있다.

그러나 「반달곰」의 경우는 단순히 자연 예찬에 머물지 않는다. 반달곰은 인간(세속)과의 거리 두기를 배워야 한다. 인간과 너무 친해지면 더 이상 야생에서 살 수 없다. 시인은 이 시를 통해 타락된 세상과 일정한 거리를 두려는 자신의 의도를 슬쩍 보여준다. 도시와의 결별을 꿈꾸며 그는 삶의 거처를 대전에서 옥천으로 옮긴다. 농촌(혹은 자연)으로 거처를 점차 옮겨가며 시인은 지난 날 우리의 삶에서 잃어간 공동체의식의 회복을 꿈꾼다. 사람들이 서로 보듬어 가며 살아갈 사회안전망의 구성, 그러한 환경의 조성을 노래하고 싶어 한다. 그는 텃밭을 일구고 채소를 가꾸며 일견 생태환경론자의 꿈까지도 실천하려고 욕망한다. 그는 땅콩[落花生]처럼 피운 꽃을 낮은 땅에 열매를 맺고 싶어 한다. 그러하기에 그의 시는 따스하고 포근하다. 그가 옥천집의 옥호를 '花生堂'(화생당)으로 지었다고 한 걸로 기억하는데, 나는 그가 꾸는 공동체 회복의 꿈이 부디 땅콩처럼 주렁주렁 풍년을 이루었으면 좋겠다.

사족 하나.

「갈대는 울지 않는다」라는 시가 내겐 흥미롭게 다가왔다. 그것은 아마도 너무나 유명한 신경림 선생의 시 「갈대」 때문일 것이다. 먼저 신경림의 시를 읽어보자.

> 언제부턴가 갈대는 속으로
> 조용히 울고 있었다.
> 그런 어느 밤이었을 것이다. 갈대는
> 그의 온몸이 흔들리고 있는 것을 알았다.
>
> 바람도 달빛도 아닌 것
> 갈대는 저를 흔드는 것이 제 조용한 울음인 것을
> 까맣게 몰랐다.
> 　산다는 것은 속으로 이렇게
> 조용히 울고 있는 것이란 것을
> 그는 몰랐다.

―「갈대」 전문

갈대는 지난 과거 생각지 않는다
고달픈 세상살이 오직 즐길 뿐
갈대가 소리 내는 건
바람에 이웃과 부딪힘 때문이다

갈대가 흔들리는 건
바람 때문만은 아니다
뛰어다니던 짐승
들키지 말라는 몸짓 때문이다

갈대는 울지 않는다
홍수에 몸이 다 꺾여도 울지 않는다
울어도 눈물이 없다
눈물이 날지언정 소리 내지 않는다
다만 쉰 목을 고를 뿐이다

―「갈대는 울지 않는다」 전문

신경림이 갈대는 속으로 조용히 운다고 했는데, 최범영은 갈대는 울지 않는단다. 다만 쉰 목을 고를 뿐이란다. 하아… 고전(?)에 대한 도전이다. 신경림이 낭만적 · 사색적이라면, 그는 생활적 · 현실적이다. 그는 신경림이 이루어 놓은 예술적 인식의 어떤 경지를 확 세속적인 지점으로 끌어내린다. 그러면서도 전혀 속되지 않다. 견고한 삶이 바탕해 있기 때문일 것이다. 신경림의 「갈대」가 갓 스무 살 청년의 낭만적 · 비극적 현실인식이라면, 그의 시는 50대의 현실적 · 비판적 현실인식에 의해 지탱되고 있다. 그만큼 인생의 무게가 배어 있어, 만만치 않다.

Pom-yong Choi

다시올시인선 009

고봉밥 어머니

초판인쇄 2013년 6월 25일
초판발행 2013년 6월 30일

지은이| 최범영
발행인| 김영은
펴낸곳| 다시올
출판등록| 제 310-2007-00028

우편| 139-050
주소| 서울 노원구 월계동 382-55(중앙빌 2동 1호)
전화| 070-7431-5941
팩스| 031-855-5941
메일| maxim3515@naver.com

ISBN 978-89-94414-35-5 03810

정가 9,000원